実戦！　恋愛倶楽部

一条ゆかり

集英社文庫

この作品は二〇〇三年九月、集英社より刊行されました。

実戦！恋愛倶楽部

一条ゆかり

本文デザイン　GRACE inc.
編集協力　佐藤裕美
スペシャルレッスン監修　猿渡由紀
写真協力　木村直軌

JASRAC出0706736-701

実戦! 恋愛倶楽部

入部の心得

[倶楽部の掟]

其の一、恋ほど理不尽なものはない。
ホレたほうが負け、と心得よ！

世の中で、いちばん理不尽《りふじん》なもの。それは恋愛！　悔しいけれど、恋愛に正義は通用しないのだ！

たとえばデートをすっぽかされたとします。悪いのはどう考えても彼。でも、もし、彼のことが大好きで、彼を手放したくないなら、悲しいけれど、自分が我慢するしかないの。

だからといって、それを恐れて、恋に踏み込めないのは大バカ者。恋はホレたほうが負け！　と諦《あきら》めて、耐えるしかないのだ。

其の二、チャンスの神様は前髪しかない。
「今だ!」と思ったら、タイミングを逃すな。

恋愛は〝縁〟。ものすごい偶然が、たまたま重なりあって、うまくいくものなんだよね。だからチャンスを逃しちゃダメ。チャンスの神様が通り過ぎた後でつかまえようと思っても、神様には後ろ髪がなかったりするんだから。

「今日は勝負パンツはいてないから」なんてためらったばっかりに、翌日、別の女に取られてるかもしれない。いつ神様と出会っても、前髪をつかめるように、心と体の準備を大切に。

其の三、〝人を好きになること〟と〝傷つくこと〟は、常にセット。傷つくことを恐れるな！

人を好きになれば、大なり、小なり、傷つくもの。それを怖がっていたら、恋なんてできないのだ！　モテない人ほど、「フラれるのが怖い」なんてヘンなプライドにこだわる人が多い。だから彼ができないの。

一方、モテる人ほど、傷つくことを恐れない。『ダメだったら、次にいけばいいや』って思えるから、多くの恋に飛び込めるってわけ。

同様に、恋愛では自分が相手を傷つけることもしばしば。その自覚を忘れずに。

其の四、恋と仕事はすごく似ている。リサーチ能力、プレゼン能力が試される！

もしあなたが、車のセールスマンだったら？　相手はどんな車が好きか、いくらなら買えるか……って、いろいろな情報を集めながら、自分の商品のセールスポイントを考えるはず。

実は恋愛も同じ。相手の趣味、性格など、さまざまな情報をリサーチしながら、自分を相手に上手に見せることができれば大成功。リサーチ能力とプレゼン能力が大切なのだ。

仕事がデキる人は、恋愛上手になる可能性大！

其の五、男をつなぎ止める方法はこのふたつ。男の戦力になるか、癒しになるか。

男をゲットする方法は、いろいろあるけど、彼との関係を長続きさせるには、このふたつの方法だけ。

『男の戦力』とは、彼のピンチをさまざまな形でフォローして、男の力になる女になること。『男の癒《いや》し』とは、彼がヘコんだ時、優しくねぎらい、男がくつろげる女になること。

少なくてもどちらかひとつ、もしくは、両方の顔をうまく使い分けることができれば、彼はあなたから離れられなくなるはず！

其の六、恋愛に大切なのは判断力。彼が求めてるものを出せる女が勝つ！

恋愛において、判断力はとても大切。自分の都合と、相手の都合を正しく見極められて、居心地のいい空間をつくれる女こそ、〝いい彼女〟なんだよね。「これをしたら喜ぶだろう」「これはここでやめよう」と相手を思いやるのも判断力。そういう意味でブリッ子は、ある意味、賢い！「ここで、これを出したら効果的だろう」という薬の出し方がハッキリしていて、それがちゃんと効いてるんだから。見習おう!!

其の七、男が自分を不幸にしてると思ったら大間違い！不幸にするのは彼でなくて自分自身。

「彼のせいで不幸になった」と嘆《なげ》く人けっこういるよね。でも、そもそも男はあなたのことを幸せにもしてくれないし、不幸にもしません。幸せにも不幸にも自分の力でなるものなのだ。

実際、つらい恋を経験しても、ポジティブに受け止めることができれば不幸にはならない。むしろ、人間としての幅を広げることができるはず。自分の不幸を男のせいにするのはいいかげんやめて、ものごとを前向きにとらえる努力を！

其の八、いい男はたいてい自分よりいい女のもの。いい男がいないと嘆く前に、自分の価値を正しく知ろう！

あなたは、たいていの場合、いい男とはつきあえません。なぜなら、いい男は、いい女のことを好きになるから。だから、あなたが、いい女でなければ、いい男は手に入らないのだ。

ところが、これまた、たいていの場合、自分は自分が思ってるほど、いい女じゃないんだな。人はみな自分がいちばんキレイに写ってる写真を自分だと思うけれど、大きな誤解。

自分の価値を客観的《きゃっかんてき》に知る努力をしよう！

其の九、ホレられてつきあうのはラクだけど、ホレてつきあうのが恋の醍醐味。

恋愛関係では、常に、より好きなほうが下位。だからホレられてつきあったほうがラクだし、優位に立てて、気持ちいいよね。でも、そこそこ好きな相手と、そこそこ楽しくつきあうより、ものすご〜く好きな相手を振り向かせて、誠心誠意《せいしんせいい》つきあう、というほうが恋の醍醐味《だいごみ》がある！

もちろん、好きな分だけ、ちょっとしたことで傷つくし、つらいことも多いはず。でも、それだけ、喜びも絶対大きいのだ。

其の十、最近の男は優柔不断。腹をくくらせるには、女から仕掛けるべし！

「オレについてこい！」なんて言う男には、最近、めったに出会えません。むしろ、できれば女の子にしきってもらいたい、と思ってる優柔不断《ゆうじゅうふだん》な男子が急増中！

だから、彼から告白されるのを待っているだけでは、恋を逃してしまうのだ。つきあうきっかけにしても、結婚を決めるきっかけも、全部女性からつくらないと話は進んでいかない。ただし彼のプライドを傷つけないよう、さりげないリードを心がけて！

目次

第3章　恋に迷った時の掟

第4章　かわいい女への道

第1章 恋を始める前の掟

恋の掟 1

「彼ができない」と嘆く人の大半は自分がどんな男性に好かれるのかがわかっていない

雑誌で、恋愛相談をしている時、いちばん多かったのは、「彼ができません」という悩み。これって、恋愛以前の悩みなんだけどね（笑）。

「好きな人はいるけど、伝えられない」「告白はするけど、フラれてしまう」。そして、そんな人たちに共通しているのは、「私は性格も普通に明るい」「見た目だって、それほど人より劣ってると思わない」、それなのに「なぜ彼ができないんだろう!?」という納得できない思い。

では、そういう人たちに、なぜ彼ができないのか、分析してみよう。

まず、最初に考えられるのが容姿の問題。男の人って見栄っぱりだからね。『一緒に歩いてて恥ずかしくないか』とか、女以上に、相手の容姿にこだわるのだよ。だからいくら中身がよくても、入口をキレイにしておかないと、ノックしてもらえない！　モテる女の子を見れば、よくわかるけど、彼女たちはいつもちゃんとお化粧して、男の子にアピールするような服を着てる。それに比べてモテない人ほど、「男の子は薄化粧が好き」とか言って、キレイになる努力をしない。でも、そのままのキミはたいてい汚い（笑）。外見を磨《みが》く努力をしてる人には、まずかなうはずないよ。

次に問題なのは性格。なかでも、男が嫌う二大キャラは、〝ハッキリしない〟と〝でしゃばり〟。「何食べたい？」と聞いて、「なんでもいい～」と言うような意思のハッキリしない女の子は、今どきの男からするとダルいんだよね。反対に、なんでも自分の意見を押しつけようとするでしゃばりタイプは、プライドが傷つけられるので苦手なのよ。

このふたつに、思い当たるフシのある人は、性格を変えたほうがいいと思う。変えるのは難しいとしても、フリをするくらいならできるよね？　よく男の前だと、コロッと態度を変える女の子って、いるじゃない。同性としてはムカつくけど、モテるためには、あれくらいでいいのだ。

ほかにも、彼ができない理由はいろいろ考えられる。でもいちばんの問題は、実は自分で自分のマイナスポイントに気がついてないことなんだよね。それがわかれば、いくらでも変われるのに。そのためには、まず本当のことを言ってくれる友達をつくって、自分の悪いところをリサーチするしかない。私が友達だったらズバズバ言ってあげるんだけどね。残念!

自分の好みはさておき、とりあえず自分を好きになってくれそうなユルい男を狙おう!

でも、たとえ自分の欠点を全部直したとしても、すべての男性が、あなたを好きになるわけではないのだ。そういうあなたを〝かわいい〟と思ってくれる男の人を探さなければならないんだよね。ところが「モテない」と嘆《なげ》く人の大半は、それがわからない。自分がどんな異性に好かれるかがわかってないんだから。

たとえば私の友人のYくんは、水っぽいお姉ちゃんが大好き。ところが彼は、見るからに地味で、そういう人には好かれるタイプの男ではないのよ(笑)。でも、モテないワケじゃなくて、普通のOLさんにはけっこう人気。Yくんが、ちょっと別の方向に目を向ければモテモテなのに、それができないがために、いまだに独身です。

このように、自分が異性からどう見られているのかを知らないと、結局はチャンスを逃してしまう。恋を成就《じょうじゅ》させたいなら、まずは自分の素材をよく把握《はあく》して、自分を好きになるタイプに狙《ねら》いを定めてから、相手にアピールすべきでしょう。

だけど、私は必ずしも『彼氏がいないのはよくないこと』とは思ってません。彼がほしくない人にとっては、男がいない生活のほうがラクチンだと思うの。ただ、『彼がほしい』と思ってる人にとっては、彼がいないことはストレスだよね。「自分はダメなんじゃないか？」と否定してしまうので、精神的にも、とても不健康。それに恋愛ほど大きな幸福と不幸を体感できることって、ほかにないし、あれほど人ときっちり向かいあうこともない。女性として、いちばんおいしいところを逃してしまうのはやっぱりもったいないと思うんだな。

とりあえず恋愛経験が乏《とぼ》しい人は、もっと肩の力を抜いたほうがいいんじゃない？私のマンガみたいな怒濤《どとう》の恋を期待しすぎると、まず無理ね。だって今の時代、みんなユルいじゃない。ちゃんと告白して、おつきあい――ではなく、とりあえずつきあって、ダメだったら次――という感じが多いもん。

だから自分の好みはさておき、とりあえず自分を好きになってくれそうなユルい男を狙って、ズルズルとなしくずし方式に持ち込む（笑）。まずはこれにトライ！一回うまくいけば自信もついて、恋愛もレベルアップするもんです。

男が求めるのはかわいさと優しさだ

恋の掟 2

ホレられてつきあうのはラクだけど、ホレてつきあうのが恋の醍醐味というもの

お酒の勢いで、「つきあおうよ」と言った。お酒の勢いで、エッチした。お酒の勢いで、プロポーズした……。この世にお酒がなかったら、人類はとっくに滅びてたかも……ってくらい、お酒は恋愛に貢献《こうけん》してますねえ（笑）。

特にシャイな人にとっては、お酒の席だったら、万が一、フラれちゃった時も、「お互い、酔っぱらってたもんね～」って逃げられるから、気がラク。

知りあいの女の子は、同僚の男の子と飲みに行くと、いつも「つきあおっか」と言われるらしい。だけど、「シラフじゃないから、絶対信用できない」と彼に対して、とても懐疑的《かいぎてき》なんだな。

でも、お酒は感情の増幅剤《ぞうふくざい》。普段思ってる気持ちが、より強く出てしまうものなので、彼は彼女へ、少なからず好意を持ってると思うよ。会社の同僚をやり逃げしよう、なんて考えるほどの悪党はめったにいないんじゃない？

もし彼の本心を知りたければ、確かめればいいのだ。簡単。ふたりで飲みに行って、それほどお酒が入らないうちに、聞くの。「Aくんって、お酒を飲むと、いつも『つきあおっか』とか言うけど、あれって本気？　からかわれてるのかもしれないけど、なんかドキッとしちゃう」って。「そんなこと、ないよ」「じゃあ、本気なの？」「うん」……って。ほら、簡単でしょう？

もしかしたら、「えーっ、オレ、またやっちゃった!?　酔うと、誰でも口説《くど》くクセがあるんだよ」ってことになるかもしれないけど。そしたら、「やっぱりそうなの!?　ヒドーい!!」って笑って終わりにすればいい。

だけど裏を返せば、こうも言えると思うんだよね。相手のことを夢に見るほど好きだったら、たとえ酔った勢いでも、うれしくてOKしちゃうはず。つまり彼女がOKしないのは、それほどには彼のことが好きではないから。ボルテージが、それほど上がってないからなんだな。『『つきあってください』と、ちゃんと彼が申し込む気があるなら、つきあってあげてもいいけど」くらいなものか。

結局、彼女は『自分からホレて、なんでもいいからつきあう』タイプではなく、恋愛には慎重《しんちょう》で、『相手からホレられて、つきあいたい』というタイプの女性なんでしょうな。

恋愛に注ぐエネルギーは圧倒的に女性のほうが大きい。その分、女性のほうが、恋で傷つく可能性が高いかも

相手から、「つきあってほしい」「好きだ」と、ちゃんとアプローチされないと、つきあえない。そういう人、意外と多いけど、そんなふうに慎重になるのは、恋愛で傷つきたくないからじゃないかな。相手から思われてることが確認できないと、恋に飛び込めないタイプの人なんだね。たしかに恋愛では、より好きなほうが、常に下位(笑)。ホレられてつきあうほうが、自分は気持ちいいし、安心。それで自分のほうが優位になれる関係をついつい求めてしまう。だけど、果たしてそれで最後まで飽きずにつきあってられるんだろうかとは思うよ。

まあまあ好きな相手とつきあうより、ものすご〜く好きな相手を頑張って振り向かせて、誠心誠意《せいしんせいい》つきあう、というほうが、絶対恋の醍醐味《だいごみ》があると、私は思うし、大変は大変だけど、喜びも断然大きいと思うの！

もちろん好きな分だけ、小さなことで、ものすごく傷つくし、ちょっとしたことで

悲しくなったりもするよね。特に男と女では、恋愛に注ぐエネルギーが全然違う。女性は恋をすると、彼のことばかりを考えてしまう人が圧倒的に多いじゃない。それで、「私は仕事の時も、彼のことを考えているのに、彼は仕事中は、私のことを忘れている」なんて悲しんだりして。

これは、しかたのないことなんだよね。女は子どもを産んで育てるようにできているから、愛情を向けたものに対しては、ずっと見守らないと気がすまないというDNAが組み込まれてるわけ。それでホレた男のことも、自分の子どものように、24時間チェックしてしまうのよね。

一方、男は子孫を残すこと以外に、エサを取ってくるという重要なDNAも組み込まれてるので、仕事の時は、間違いなく恋愛は忘れてる。だから恋愛に重きをおいてる女性のほうが、傷つく可能性が高い！

でも、〝恋愛〟と〝傷つくこと〟は、常にセット。深く相手と向かいあったら、どんな恋愛でも100パーセント傷つくものなのだ。それを恐れていては、本当の恋愛はできませんね！

恋愛においてのいい思いとは？

恋の掟 3

周りにいい男がいない！　そう嘆く前に、自分の客観的な価値を知る必要がある！

周りにいい男がいない！　だから恋人がいない！　結婚できない!!　そんなふうに嘆いてる女性は、きっと多いでしょう。実際、いい男って少ないし、いい男は、たいてい自分よりいい女のもの。それはいつも私も思ってること！

でも、ここで問題なのは「周りにいい男がいない！」と思ってる女性は、たいてい『自分はせめてもう少しいい男とつきあうべき女だ』『自分は値の張る女だ』と思ってること。たぶんそう思うからには、そこそこ頭もよくて、そこそこかわいいと思うんだけど、客観的《きゃっかんてき》に見てもそうなのか。本当は自分はどの程度、価値のある女なのか、を激しく知る必要があると思う。

というのも、自分が思うほど、たいてい自分はいい女じゃないんだよね。人はみな、自分がいちばんキレイに写ってる写真を、恐ろしいことに自分だと思っているのよね。「私、写真写りが悪いの～」なんて言ってるけど、その写真、たぶんいつもの君だ！（笑）。それに人間は自分にとって、耳ざわりのいいことばかりを聞きたがるもの。自分の痛いところをついてくる人のことは、「性格悪いヤツ」なんて悪者扱いしたりして、なかなか本当の自分を見ようとはしない。だからまず、客観的な世間の評価を知ることが大切なんだよね。

たとえばお見合いパーティなんかに行って、自分がどのくらいモテるか確認してみるのもいいと思う。友達に、自分のビデオを撮ってもらうっていうのもおすすめ。普通に会話してるところを撮ってもらって、表情や話し方をチェックするんだな。そうすると、「私って、こんな声だったの⁉」「こんな表情だった⁉」ってギョッとすることが多い多い。

こうやって客観的に自分を見るクセをつければ、しだいに『自分は値の張る女』という思い込みもなくなると思うの。自分と釣りあうと思って、いいとこのお坊ちゃんなんかと結婚したら、すごい苦労するかもしれないじゃない。実は『ある程度の男』のほうが、のびのびできて、自分にとっては案外、正解だったりするのかもしれないしね。

等身大の自分がわかれば、どこまで欲を出していいかわかるし、自分のセールスポイントもわかってくるはず。反対に、自分のことを勘違いしてる人は、いつまでも不満を解消できないまま、不幸になっていくばかり。自分を正しく知ることは、幸せになるための重要なカギなのだ。

条件のいい男を探したいならお見合いをおすすめします

ところで、〝いい男〟の条件だけど、「大切なのは人格」と言いつつも、〝お金〟や〝見かけ〟に左右される人はけっこう多いよねえ。有名大学卒業で、そこそこの年収があって、見映えもする男なら、それだけで恋に落ちる人も少なくないはず（笑）。もしあなたがそういうタイプなら、私はいっそのこと、お見合いをおすすめします。

お見合いって、とりあえずそのへんの条件がわかってるでしょ？　もちろん、そんなに期待はできませんね。お金も見かけも両方揃《そろ》ってる男なんて、めったにお見合いには来ないから。お金はあるけど背が低いとか、何か我慢しなくちゃいけないところはある。

それでも出会う前に、ある程度のことがわかってる分、ムダがないし、万が一、お金も見かけも揃ってる男に出会えたらラッキー！　でもお見合いする場合は急いで！　30歳過ぎると、ろくな話がないと思うよ（笑）。

こんなふうに美しくカンチガイは起こる

恋の掟 4

ものすごく優れた才能や素晴らしい人格がなければ、〝古い女〟は〝新しい女〟に勝てない！

「別れた彼のことが、忘れられません」「彼が戻ってくると期待してしまって、次の恋ができません」――そんな悩みを抱えてる人、ホンットに多いよねえ。うらやましいぞ。私なんて、つきあってた男の名前だって忘れちゃうことがあるのに。みんなもの覚えがいい（笑）。

でもね、『彼が戻ってくる』と期待する気持ち、わからないでもないのよ。『きっと彼は、いやな女に激しく迫られて、いっときの迷いで別れたに違いない』なんて考えちゃったりして。だけど残念ながら、それは勝手な妄想《もうそう》。

自分が〝フラれた〟と認めたくないから、防御《ぼうぎょ》のために、都合よく解釈してるだけ。たいていの場合、彼はあなたをフッたことを、間違いなく、後悔してないと思う。

というのも、〝古い女〟と〝新しい女〟を比べた時、たいていの場合、古い女に勝ち目はないんだよ。すごい才能があるとか、人格的に素晴らしいとか、新しい女と比べて、かなり優れてないと、古い女に勝ち目はないな。さて、自分は新しい女に勝てるほどの女か⁉ たいていの場合、違いますねえ。ってことは、新しい女に負ける可能性が高いのだ。

そうはいっても、諦《あきら》めきれない……、という粘着体質《ねんちゃくたいしつ》の人もいるよね。そんな人には、まず今、彼がどうしてるか、リサーチして、直接会うのがおすすめ。共通の友人を誘って、「久しぶりに、みんなで会ってみない？」なんて軽い感じで誘ってみるの。だって今のままでは、彼は、想い出の中で、どんどん美化されてしまうだけ。直接会って、そんなにいい男だったのか、客観的に確認する必要があると思う。意外と『こんな男とつきあってたのか⁉ 私も小娘だったのね！』と幻滅《げんめつ》することのほうが多かったりして（笑）。

反対に『やっぱり彼が好き！』って思うかもしれない。そうしたら、もう一度ドーンとアタックする！ それでフラれたら、気分もサッパリするし、もしかしたら、うまくいくかもしれない。ラクチンな居場所としての存在価値は、昔の彼女には、まだ残ってるかもだし。

ただ、本当のことを言うと、別れた彼を忘れられないのは、別れたその後の人生が、寂しいものだったからなのだよ。いい男ができれば、そんなのあっという間に忘れてしまうものよね(笑)。『前の彼のほうが優しかった』『ここがよかった』って、元カレのいいところばかり比較してるようでは不幸になるだけ。元カレのダメだったところと比較して、『今度の男はここがいい』と前向きに判断しなくちゃ。そうすれば新しい恋ができるはず！

失恋を引きずる人は、自分を全否定されたと思う人。引きずらない人は、彼とは合わなかったと思える人

別れはとてもつらいもの。特にフラれた場合は、誰だってとても傷つくよね。真剣に恋愛したら、傷ついて当然。でも、フラれた後の立ち直り方は、人それぞれだよね。いつまでも引きずる人もいれば、『ま、しかたないか』って、前へ進める人もいる。このふたりは、いったいどこが違うのか？

実は引きずるタイプの人は、フラれてしまうと、自分が全否定されたような気になってしまうんだよねえ。捨てられたことで、自分は女として魅力がないんじゃないか、『どうせ私なんか』って思ってしまう。

それに対して前向きな人は、『たまたま彼とは合わなかっただけ』と考えることが

できる。実際、そのとおりなのよ。たとえば世話好きな女の子がいたとする。Aくんは、彼女をうっとうしいと感じるかもしれないけれど、そんな彼女がステキだと思うBくんも必ずいる。Aくんだけに執着《しゅうちゃく》するのではなくて、Bくんを探しに、次のステップを踏み出すことが、とても大切だと思うの。

ところで、失恋すると、ものすごい喪失感《そうしつかん》や孤独感を味わうよね。それは、人が自分の存在の意味を失ってしまうから。人は誰でも、『自分は特別な存在でありたい』『必要とされたい』と願ってるものなんだよね。子どもの頃は、〝親にとっての特別な存在〟ということで、心の空洞《くうどう》は埋められる。でも、社会に出て、自分が特別な存在になれる人は少ない。自分にしかないという才能を発揮できる人は少ないから。

でも恋愛は、いとも簡単に、それを満たしてくれる。相手にとって、自分は代わりのきかない、特別な存在になることができるからね。ところが失恋すると、〝誰にも特別でない私〟になって、うろたえ、寂しさを感じるというわけ。

そして、その喪失感を埋める、手っとり早くて確実な方法も、これまたやっぱり男。男で受けた傷は、男で癒《いや》すしかないのだ！　どうしても男ができない時はペットもおすすめ（笑）。ペットから必要とされることで、自分の存在価値は見出せるだろうから。でも、まぁ、男のほうが健全でしょう。

悩んでいる時間があれば女を磨け

みるみる恋がうまくいく！

一歩進んだ関係になるための〝勝負店〟でのお作法

その1 まず薄暗い店を選ぶことが大切！

そもそも勝負店とは、『男をオトすための、恋人モード満開の店』！　で、そのポイントだけど、まず大切なのは店内が薄暗いこと。人間、明るいと正しい人になってしまうけど、薄暗いほど正義は薄れ、〝密の味〟度が高くなるのよ！（笑）。

その2 カップルが多いほど、親密度はアップ！

カップルが多い店というのも大切。みんながイチャついていると、つられてどんどん大胆に！　隣がキスしてれば、自分たちもやっていいような気がしてくるから不思議。

その3 勝負店への誘い方の注意点は!?

彼とごはんを食べた後、気軽な感じで誘って。でも、「お気に入りの店なの」という誘い方は、いつも男を連れ込んでいるみたいなのでＮＧ。「前に友達と来たんだけど、一度、あなたと来てみたかったの」なんて誘うのがかわいくてベスト。

その4 サッサと酔ったフリをすること！

お酒を飲んで、サッサと酔ったフリをする。「顔が真っ赤になっちゃった〜」なんてウソついても暗いからバレる心配なし。しなだれかかって、スキンシップをはかるもよし。

その5 2杯目のカクテルで勝負が決まる！

お酒を２杯飲んで、グラスがからになったところで相手の出方を見て！　彼が「もう一杯飲めば？」と言ったら、女を酔わせようという下心あり。イチャつきモード全開でＧＯ!!　一方、「酔ってるみたいだから、終わりにしたら？」と言われたら、諦めておとなしく帰ろう（笑）。

恋の掟 5

〝友達以上、恋人未満〟にピリオドを打ちたいなら、自分からエサをまくべし！

すっごく仲よしで、気も合うんだけど、その先に一歩進めない。友達以上、恋人未満の関係に悩んだことのある人、きっと多いと思います。

男にとって、この曖昧《あいまい》な状態は、非常に〝いい感じ〟なんだよね。相手の態度に、『あなたが好きです』っていう雰囲気が、そこここに、にじみ出ているから、すごく居心地がいい。自分の悩みごとを優しく聞いてくれて、励ましてもくれる。でも恋人ではないから責任が生じない。とってもラクな関係なんだな。

それだけに男のほうからは、告白しづらいはず。なぜなら恋愛関係になったら面倒も増えるし、「あなたとはいい友達だと思ってたのに!!」なんて言われて、いちばんの友達を失うことにもなりかねないから。これではうかつに手は出せないわけだ。だから、「こんなに一緒にいるのに、男の子から手を出してこないのは、私に気がないんだわ」と思うのは気が早すぎる！

それに普通の恋愛でも、よっぽどのチャレンジャーじゃない限り、男の子は自分からは手を出しません。サインを出してるのは、常に女性のほう。「絶対コイツなら大丈夫！」と思われるようなそぶりを女が見せてくれて、初めて男の子は行動に出ることができるのよね。

特に最近の若い男の子はそう。ハンター能力が薄れているうえに、「拒否されたらカッコ悪い」なんていう女々しい見栄を持ってる人が多いので、むしろ受け身の姿勢。自分からイケイケGOGOで、アタックしてくる人は少数。ほっといたら、ただの友達で終わってしまう可能性が大きい。積極的にエサをまかないと先に進めないのだ。こうなったら、もう自分からいくしかないでしょう。

アプローチに失敗したら、笑ってごまかす。これで友情も壊れない!?

では、友達から恋人へステップアップするために、女の子からアクションを起こすとしたら？　まずカマをかけるという方法があるよね。「休みの日に、私と映画なんか観たりして、彼女に怒られないの？」とか。彼女なんかいないって知ってても聞いてみる。男「なんで？　彼女なんかいないって知ってるじゃん」、女「だって気になっちゃうもん」……ちょっとかわいいじゃないですか。

もしくは、女「ふたりでドライブなんて、私たち、つきあってるみたいじゃない!?」、男「えー、マジ〜？」、女「いっそのこと、つきあっちゃう？」とか。この程度なら恥ずかしくないと思うんだけどなぁ。もし「冗談キツいよ〜」って言われたら、「失礼ねえ。寂しい男に同情してあげたのに」と笑ってごまかす。これなら彼との友情にもひびは入らないはず。

また、普段はあまり感じさせない〝女らしさ〟をアピールするという手もアリ。いつもは元気なのに、ちょっと涙を見せるとか。ありがちだけど、「フラれちゃったの……」と相談を持ちかけるのも効果的。単純に、いつもより胸のあいた服を着るとか、ミニスカートをはくとか、そんなことでもいいの。持ってるものは、なんでも使おう！

もちろんうまくいかない可能性もあるけど、『〝友達以上、恋人未満〟みたいなナマ殺しの関係はイヤよ！』と思うなら、気持ちをふっ切るためにも、あえて玉砕《ぎょくさい》するっていうのもいいかもしれない。とにかく告白なんて、どっちがしたっていいじゃない。まずは当たって砕けろだ！

第三者ならわかることがある

その昔友達と飲んでいた時
好きな人がいるんだけど告白する勇気が……
友達のままがイヤなら玉砕覚悟で言っちまうんだ！
アクションを起こさなきゃそのままだよ
そうね！電話してくる！
キッ
がんばれぇ！
フラれた…
もちろんその飲み会はなぐさめ会となりました
しかしまたある日
仲がいいんだけど女と思われてないような
呼べ！
出てくるなら脈ありだ
その気があるかどうかなにげに探ってやる
自分から告白するほどではないが彼女からならまあOKくらいだな
これなら押せばなんとかなりそ
ふたりは一緒に帰りうまくいったらしい
自分ではわからないことが第三者にわかることはよくあるのだ
ひとりで悩むより友達に見てもらおう

恋の掟 6

言葉で確約をとった瞬間からお互いに〝恋人〟としての自覚と権利が生じるのだ

『私って、あなたの彼女なの？』『あなたにとってどういう存在なの？』という不安は、とても深い悩みよね。デートもエッチもしてるけど、「つきあおう」とはハッキリ言われてない。『もしかして私は本命じゃないの⁉』と心配は募るばかり。かといって、「私たち、つきあってるの？」なんて怖くて聞けないし……。

ただハッキリしてるのは、もし彼が、ものすごくあなたを愛していたら、こんな不安は持たない、ということ。彼にとってのあなたは、今はまだ、それほど大事な存在じゃないという事実。どっちにしても悲しい状況だよね。

こんな時、まず確かめたいのは、彼にはほかに女がいるかどうか。たとえば、あなたと会っている以外の週末をどう過ごしてるか、探りを入れてみましょう。「先週、何してたの？」って気合を入れずになにげにね。それで「まぁ、いろいろ」なんて、うやむやにするようだったら、怪しいかもしれない。でも、ほかに女もいなくて、エッチまでしてるのであれば、あなたが彼女である確率は高い。

彼の友達に紹介されているか、っていうのもポイント。男はやましいことがある時は、表に出そうとしないものだから。だから、もし彼が、「来週、友達と飲むんだ〜」なんて言ったら、「私もその飲み会に行きたい！」と言って、彼の態度を見るのもひとつの手。それで一緒に連れていってくれるようだったら、紹介のされ方でわかるんじゃない？　特に彼の女友達に紹介されたら、自分が本命の可能性大よ。

優柔不断な男の子は、こっちから腹をくくらせるチャンスをつくろう

それでもハッキリしないようだったら、最後はやっぱり本人に直接聞くしかない！「もしかしてほかに誰かいるの？」って。責める口調だと、相手が開き直ってしまうので、あくまでかわいらしく。「私、とっても不安なの」って感じでね。

たぶんほかに女がいても、彼は「いるわけないじゃん」「おまえだけだよ」と、かなりの確率で答えるはず。いくら言葉で確約をとっても、それがウソなら意味がない

って思う人もいるかもしれないけど、言わせたもん勝ちなんだな。その瞬間から、あなたの〝彼女〟としての権利が生じるんだから。「よかった〜。すごい不安で、友達にも相談してたの。友達も心配してたから報告しておくね」なんて言ってしまえば、こっちのもの。

男のほうも、こういうことがきっかけで、『この子は彼女なんだ』って自覚したりするもの。特に今どきの男の子は優柔不断《ゆうじゆうふだん》だし、真剣に恋愛していない男が多い。ゲームやってたほうが楽しかったりして、ヘタに彼女なんてつくると面倒くさい、なんて思ってる男には、腹をくくらせるいいチャンスになるんです。

もちろん、「実は彼女がいて……」という最悪の答えが返ってきた時の覚悟も必要。そして、それでも彼と別れたくないと思うなら、それ以上深く突っ込んではいけません。「私とその子とどっちが大切なの!?」みたいに煮詰めていくと、彼が引いてしまう危険性大だから。

でも、「浮気相手でもよし」と腹をくくる覚悟があるなら、彼にわざわざ問いたださなくても、そのまま、つきあっていればいいんじゃないかな。恋人のようにデートしてるわけだし、自分が彼女だと誤解していても、男は文句を言えない状況だもの。たとえ理不尽《りふじん》だと思っても、彼のことが好きなら、その状況に耐えるしかないって思うんだよね。

プライベートを見せない男はアブない

恋の掟 7

友情が〝マラソン〟なら、恋愛は〝短距離走〟。その瞬発力に女友達は勝てない

『親友と同じ人を好きになってしまった』という話、マンガの中だけじゃなくて、現実にもあるよね。そりゃそうでしょう。自分と似た環境にいて、価値観も似てる親友と、男の好みが同じでも不思議じゃない。

では、そうなってしまった時、どうするべきなのであろうか。理想的なのは、友達も失わないで、好きな人もゲットするというパターン。でも、両方手に入れる方法は、ハッキリ言って、万馬券より難しい。うまくいって片方だけ。

たとえば「実は私も彼のこと、好きなの」と親友に打ち明けて、「恨みっこなしよ」と、ふたりで一緒に彼に告白するという方法。これが、いちばん正々堂々としてるけど、この場合、圧倒的な差がない限り、彼はあなたも親友のことも選べないと思うんだよね。つまりどちらもフラれる可能性が高い。そうしたら、「フラれちゃったね」「たいした男じゃなかったねぇ」って、ふたりで彼の悪口を言ってればいい。彼のことは失うけど、親友は失わずにすむのだ。

でも、万が一、彼があなたか親友のどちらかを選んだとしたら、「恨みっこなしよ」と言ったものの、親友とはギクシャクするに決まってる。勝者が敗者にいくら優しく接しても、優しくされたほうはみじめになるだけ。ふたりの間には、どうしたって溝《みぞ》ができるんだな。

一方、友達を出し抜いて、自分だけ、こっそりアプローチするという手もあるよね。このほうが、彼はあなたとつきあってくれる確率は高いと思う。でも、親友からは間違いなく非難される。「私のほうが先に好きになったのに！」とかね。でも、恋には〝早い者勝ち〟ってないの。結婚は先着一名だけど、恋愛では先に好きになったからって、なんの権利も生じない。だから親友の言い分は正しくないんだけど、彼女が怒る気持ちも当然だよね。しかも周囲の友達からも責められるはず。そういう時の女同士の連帯感って強烈だからねえ。『欲望に走ると、痛い目にあう』っていう覚悟は決めておいたほうがよいですぞ。

それから大切なのは、告白する前に、彼の気持ちをリサーチしておくこと。もし彼が親友のことを好きだったら、あなたが告白する意味ってないじゃない？　だから、ほかの友達に頼んで、こっそり「好きな人っているの？」って聞いてもらうの。もしかして、「いや、実は僕、同棲してて」なんてことになって、ふたりとも玉砕するかもしれないし（笑）。

恋愛はバクチと同じ。それも一頭の馬に、全財産を賭けるみたいなもの。だったら自分のリスクを少しでも減らすように、もっとその馬のことを調べてみなくちゃね。まずは徹底的に相手をリサーチせよ！　告白は、あくまで、その後でね。

男は一時間でできることもあるけど、親友は一日にして成らず！

男の前では、女同士の友情なんて、とてももろいもの。友達と同じ人を好きになった場合も、友達より、彼のことを選んでしまう人は少なくないよね。それはなぜか？まず、友達より恋愛感情のほうが、圧倒的に瞬発力があるのだ。友情が〝マラソン〟のようなものだとしたら、恋愛は〝短距離走〟。その瞬発力に、友情は勝てないでしょう。単純に目新しいから、というのもあるな。何年も一緒にいた親友より、新鮮な恋人に目がくらむのは当然だと思う。

さらに友情が安定感のある財形貯蓄《ざいけいちょちく》だとしたら、恋愛は変動の激しい株みたいなもの。リスクが大きいほど、人は燃えやすいんだよね。喜びも大きいから、ついそっちに手が出る。しかたないことだと諦めましょう。

では、いつも友情より、恋愛を優先させていいのか、っていうと、そういうことでもないのだよ。親友を失ってもいいくらい、価値のある男かどうか。その見極めが大切。なんと言っても、男は一時間でできることもあるけど、親友は一日にして成らず！　一生つきあえる友達には、めったに出会えないし、友情でしか味わえない、深みや重みっていうのもあるから。

やっぱり人生には、両方必要なのだよ。「山のように恋人はいたけど、友達はいなかった」っていう人生は寂しいし、その逆もイヤじゃない？　だから、親友も恋人もうまく両立させるには、男の好みが違う親友をつくるってことが、意外と大切だったりするんだよね。

とにかく親友より男を選ぶのは、決して悪いことではないとはいえ、「いざとなったら、私はあなたを捨てて、男に走るかも」と、親友に言っておくのもアリだな。

二兎を追う者は一兎をも得ず！

第2章
恋の初めの掟

恋の掟 8

自分の本当の姿なんて、いずれバレるもの。だったら最初から見せたほうが効率がいい！

嫌われるのが怖くて、素直に甘えられない。そんな悩みをよく聞きます。「声が聞きたい」と思っても「今は迷惑かもしれない」と電話できなかったり、「もっと会いたい」と思っても「彼は仕事で忙しいんだから」と我慢してしまう。

そんな人はちょっと自分のことを考えてみましょう。親や兄弟に対しても、自分を出せないタイプ？　もし、そうなら、生まれつきの引っ込み思案よね。恋愛で素直になりたいなら、性格を変えるしか対策はないと思う。でも、大半の人は自分の親や兄弟に対しては、かなりズーズーしいんじゃないかな。そしてそういう人は、かなりの見栄っぱりと思っていいでしょう。

つまり「今、電話したら、彼が困るかも」なんて、さも彼のことを気遣ってるように見えるけど、電話できない本当の理由は『それで彼に嫌われたくない』でしょ⁉ 自分が傷つきたくない一心で、常に相手の顔色をうかがってしまう。なぜか。ハッキリ言うけど、それは『自分にはそれほど魅力がない』とどこかで思ってるから。自分に自信がないからなのよね。

ところが、そんな人でも、自分のことを猛烈に好きで、「あの男が、私を嫌うはずがないわ」という相手に対しては大胆になれるんだな。素直な自分を出せるのよ。つまりあなたには魅力がないのではなくて、あなたの魅力の〝通じる相手〟と〝通じない相手〟がいるということ。素直な自分を出して嫌われたとしたら、それは相手のタイプの女じゃなかっただけ。フラれたら、今度は〝魅力の通じる相手〟を探せばいい。

だから嫌われることを極度に恐れる必要はありません！　どっちみち、つきあっていれば、自分の本当の姿は、いずれバレるもの。長い間、自分を隠す努力を一生懸命して、最後に捨てられるくらいなら、最初から出しちゃったほうがずっと効率はいいんじゃない？

相手に好かれようと自分を抑えることで、自分の価値を下げてしまわないように

「素直になる」っていうことは、『自分らしく生きる』っていうことだと私は思うんだよね。「素直になりなさい」っていうと、極端《きょくたん》にワガママになる人がいるけど、それはさすがにダメ。「声が聞きたいから」って、実際、仕事中にガンガン電話がかかってきたら、すごく迷惑。恋愛に限らず人間関係は、ある程度、相手の顔色をうかがわないとうまくいかないから。

でも、反対に相手の気持ちを気にしすぎると、これまたみじめになってくる。だって私が男で、もしそういう女の子とつきあったとしたら、ものすごくザツにつきあうと思うもの。「コイツ、オレの言いなりだから」って、まさに都合《つごう》のいい女として扱うはず。相手に好かれようとする行為が、結果的に自分で自分の価値を下げてしまうというワケ。

要するに、〝素直さ〟も程度の問題。相手を困らせるようなワガママはトラブルのもとだし、かといって、〝自分〟を我慢しすぎると、精神衛生上よろしくない。そもそもラクで楽しくなりたいから恋愛するんでしょ。できるだけつらいことは増やさないように！

また、「素直になれない」と嘆く人の多くは、自分が思う自分と、周囲が思う自分のイメージに、ギャップを感じているようですな。周囲からは、『人に甘えたりしない強い女性』と思われてるけど、本人に言わせせると、それは『強がって素直になれないから、そう見えてるだけ』で、『本当はもっと弱い女なのに……』と、すごく不満に思ってる。

でも、私が思うに、弱い女は強がることもできません!! 他人にとっては、表に出てるあなたも、本当のあなた。そのイメージをどうしても崩したいのなら、実際に、〝甘える自分〟〝弱い自分〟を出して、人に見てもらうしかない。

とはいっても、今まで強がってた人が、「声が聞きたくて、電話しちゃった」なんて、急に行動に移すのは難しいものよね。そんな時は、まずは言葉で気持ちを伝えることから始めてみれば。たとえばデート中、「この前、すごく声が聞きたくて、電話しようか迷ったんだけど、迷惑かと思ってやめちゃった」って。彼女からそんなふうに言われて、イヤがる男の人って、いないと思う。むしろうれしいはず。

私なんて、もっとハッキリ言うもん。「私は仕事では女王様だけど、恋愛では、お姫様になりたいの。だから甘えさせて!」って（笑）。

こう言っておくと、私が多少ワガママを言っても、「なんだよ、甘えるなよ」とは、絶対言わなくなる。「しょうがないな〜。そんなに甘えたいのか〜」って理解してくれるの。まさに先手必勝! 人にはおすすめできない方法だけどね（笑）。

素直になっていい人といけない人がいる

恋の掟 9

人生、ただ生きてるだけではマイナス成長。プラス成長させてくれる彼こそが、〃いい彼〃なのだ

〃だめんず〃なんて流行語ができたように、ダメな男とばかりつきあってしまう人、最近多いみたいね。知りあいの子もそうだったな。

彼女が今つきあってる俳優見習いの彼は、生活力のない典型的なダメ男で、クリスマスに、彼女が時計をあげたら、「お返しに」ってヘッドフォンステレオから取り出した、使いかけの乾電池をくれたらしい！（笑）。でも、それでもうれしかったという彼女も、また筋金入り。

しかも！　たまに見せる彼の優しさに、彼女は胸キュンで「彼の本当の姿は、私だけが知っていると思ってしまう」んだとか。でも、さすがに「こんな男とばかりつきあってる自分の将来が心配です」って。そりゃあ、そうだ（笑）。まぁ、幸せの価値観って、本人次第だからね。本人が乾電池もらって幸せなら、別に問題ないって気もするけど。

ただひとつ、大きな誤解があるとすれば、『たまに見せる優しさ』とか、『私だけが知っている本当の姿』という点。というのも、ダメ男っていうのは、彼女にだけ優しいのではなくて、たいてい誰にでも優しいものなのだ。それは自分に自信がないからなんだな。自分がダメな分、相手にも寛大なんだね。要するに、自分のダメダメぶりを許してほしいから、相手にも優しくするってだけのことなのだ。

たとえばダイエット中の彼女が、「ソフトクリーム、食べたいな～」なんて迷ってたとする。そんな時、ダメ男は間違いなく、「ちょっとぐらい大丈夫だよ。食べなよ」と言うでしょう。「明日から、また頑張ればいいじゃん」なんて優しく励ましたりして。「この前の決心、どうしたんだよ」って止めてくれるのが、本当の優しさだったりするんだけど、ダメ男の場合、ポリシーなく優しい（笑）。薄っぺらい優しさなの。

さらに問題なのは、人はつきあってる人間に、とても感化されやすいということ。水は低きに流る、というように、悪いほうに、ユルいほうに感化されてしまう。ダメ男とつきあうなら、その認識をしっかり持たないと危険。『ダメ男とつきあうのは趣味』と割り切って、自分は自分で、仕事なり、なんなりで、男とは違う生きがいを持つことが大切ね。

　また、こういう関係は、お金が絡むと、不幸が早くやってくるので要注意。ごはんを食べるとか、遊園地に行くとか、一緒にふたりが楽しめる投資ならしてもいいけれど、彼の家賃を払ったり、借金を肩代わりしたり……なんていう投資は絶対禁物！　そのへんをクリアすれば、つきあいは長続きするはず。ま、結婚はおすすめできませんけど(笑)。

アイデンティティがハッキリしてなければ、〝いい彼〟と出会っても成長できません

　質問をひとつ。自分にとって〝いい彼〟とは、どんな彼なのか？　自分を幸せにしてくれる男が〝いい彼〟なのか？　たぶんそう思ってるだろうけど、答えはＮＯ!!です。だって男があなたを幸せにしてくれるのではなく、幸せは自分の脳ミソがＯＫを出した時に感じるものだからね。だけど、幸せになるきっかけをくれる人はいますよ。自分をポジティブな方向へ引っぱってくれる人、努力するきっかけをくれる人。それはとても〝いい彼〟だと思うし、そんな彼との恋は、とてもいい恋だと思う。ダメ男だって、考えようによっては、いい彼だよね。「絶対彼みたいにならないように頑張ろう！」「こんな彼だから、私がしっかりしなくちゃ!!」と上昇志向を持たせてくれるんだから（笑）。

要するに、〝いい彼〟とは、自分が成長するきっかけを与えてくれる男のこと。そして、そういう男は、とても貴重な存在なのだ！

なぜ貴重かというと、それは、人はただ何もしないでいると、プラスマイナスゼロの現状維持ではなくって、マイナス成長になってしまうからよ。お肌だって、そうでしょ？　何も手入れしなければ、どんどん衰えていくだけ！　いくだけ!!　いくだけよ!!!　頭だって、20歳を境に悪くなる一方なのよ！　なのよ!!　なのよーっ!!!

つまり人生はマージャンと同じ！　大きく稼がないと、プラス成長には、持っていけないのだ（＊左のイラストをよく読めばわかる）。

よくなろうという気持ちがなければ、どんどん人生尻すぼみで、しまいにゃドン底よ。だからこそ！　自分を頑張らせてくれる男こそが、自分にとって〝最高の彼〟ということになるの。ここまで言っても「でっも～っ」なんて思ってる女子は勝手にドン底なめてなさい。

もちろん、自分が成長するためには、『自分のなりたい自分』がわかっていなければダメですね。「私はこの仕事で頑張りたい！」「この世界で生きていくんだ！」という、自分自身のアイデンティティがハッキリしてなければ、いい彼と出会っても宝の持ちグサレだな。そのことをしっかり胸に刻んで、恋愛をしよう！

人生はマージャンと同じだ！理論

恋の掟 10

恋愛で大切なのは距離感のメリハリ。判断力を働かせないと、〝重い女〟として疎まれるだけ

〝重い女〟っているよね。いつも彼にピッタリくっついて、彼のことはなんでもやってあげたい、彼のためになりたいと思ってる女。男としては、気持ちはありがたいんだけど、あ〜っ、うっとうしい!! みたいな。最初のうちはうれしく感じても、長くつきあううちに、その重さが負担になることって多いと思うんだな。

恋愛関係において、距離感のメリハリって、とても大切よ。セックスしてる時の距離感はゼロだけど、他人が一緒の時は、ちょっと引いた距離感でいるとかが大切。そのメリハリがあるから、楽しいし、長続きもするのよね。よく言うでしょ? 〝昼は淑女《しゅくじょ》で、夜は娼婦《しょうふ》〟って。あの感じ(笑)。

なのに〝重い女〟は、いつも一緒じゃないと、気がすまない。彼女から言わせれば、

「それだけ彼のことを愛してる」ってことなんだろうけど、相手にとっては「こいつ、オレがいないとダメなのか？」って、憂うつになってくる。彼に尽くしてるつもりでも、彼にしてみれば、彼女の面倒を見てることになるんだよね。

さらに言うと、こういう女性は、とかくズカズカと相手の空間に踏み込みがち。勝手に彼の洗濯ものを洗うとか、部屋の片づけをしちゃうとか。でも、男にも二通りのタイプがいて、女になんでもやってもらいたい男もいれば、自分だけのスペースを絶対守りたい男もいるんだよ。それに気がつかないで、ひとりよがりでなんでもやってしまう……。〝重い女〟っていうのは、相手のことを考えてるようで、実は、自分がやりたいだけのワガママ女だな。

感情をコントロールする能力を身につけないとどんどんつらくなる

たとえば彼の友達と一緒に食事したとする。そんな時、重い女は、きっと一次会、二次会……と最後までつきあうであろう。たとえ翌朝、早くから仕事でも、それが〝いい彼女〟の役目だと思ってるから。でも、彼や彼の友達は、彼女がいるから話しづらいこともあるのよ。「明日、早いんで、お先に失礼します」って途中で帰ったほうが、よかったりするわけだな。一瞬冷たく感じるかもしれないけど、そのほうがお互いにラクだって。自分の都合と相手の都合を正しく見極められて、居心地のいい空間をつくれる女こそ、〝いい彼女〟なのだよ。

つまり大切なのは、判断力よ。『彼はこれをやったら喜ぶだろう』と相手を思いやるのも判断力。『このへんでやめといたほうがいいだろう』とわきまえるのも判断力。重くなってしまう女はこの判断力が欠如《けつじょ》してるんだよね。特に今どきの若者はそう。デートコースだってマニュアルがあるし、知りたいことは世の中が手取り足取り教えてくれる。判断力を働かせる場面なんて、ほとんどないんだもの。

そうはいっても、どうしても相手のことをほっとけないの……という粘着体質な人は、何か気が紛《まぎ》れることをするように。ボクササイズやるとか、ペットを飼うのもいいかもね。特に犬はおすすめよ。本当に手がかかるから、愛情も時間も分散されて、相手への負担も減るんじゃないかな。20歳も過ぎたら、そうやって感情をコントロールする能力を身につけないと、どんどんつらくなるばかりなんだからね。

もちろん自分に合ったマザコン男を探す手もあることはある。ピッタリくる相手はきっといると思うけど、そんな献身的なあなたを奴隷扱いするような悪い男につかまって、ドメスティックバイオレンスに遭遇しないようにくれぐれも注意だよ。

自分の趣味を見つけよう！

人間 ヒマになると よけいなことを つい してしまうんだな

恋の掟 11

ダメな男に注ぐ時間とエネルギーとお金があるなら、ほかの男を探すために使ったほうが建設的！

最近、多いよね、フリーターの男の子。何か夢があって、「今はそのための資金稼ぎの時」っていうならいいんだけど、目的もなく、プラプラしてるプータローは問題だわ。デート代も彼女に払わせて平気な顔してるようなヤツのことよ。女の子がそれで納得してるならいいけど、つきあいを続けるか、迷ってるなら別れることをおすすめします。だって未来なさすぎだもの。

これ、持論なんだけど、人間は、この世に生まれてきたからには、必ず何かを生産して、社会に奉仕することが義務だと思っているんだよね。だって生まれてくるだけで、ものすごい社会に迷惑をかけてるんだから。ただで空気吸って、水を飲んで……。だから働かざるもの、食うべからず！　最低限プラスマイナス、ゼロにしてから死ね！

(笑)。生産というのは、仕事でなくてもいいのよ。家庭をつくって、子どもを育てるというのも立派な生産。私の場合は、子どもをつくらない代わりに、一生懸命マンガというものを生産してるわけであります。しかし！　プータローの男の子には、そういう建設的な意志も行動も見えない！　義務を放棄してんだから空気吸うなと言いたいわね。

目標のある人は誘惑にも強い。今するべきことがわかってる

夢がない人というのは、道に迷いやすいんだな。夢というのは「オレもいつかはビッグになって」なんていう漠然《ばくぜん》としたものじゃなくって、もっと具体的な目標のことよ。これが見えてない人は、簡単にヘンな方向に走りやすいんだな。

反対に目標が見えてる人は誘惑に強い。たとえば「最低限、大学には行きたい」と思ってたら、不良やってる場合じゃないもんね。友達から遊びの誘いがあっても、その誘惑を断って予備校に行くことができる。目標があることで自分は何をするべきか、何をしたらダメなのかが、ハッキリ見えてくるというわけですね。そして目的を達成した時の喜びを知ることで、また次の目標に向かって頑張れるのだよ。人生って、そういうことの積み重ねだと思う。

なのに20歳過ぎても、自分のすべきことが見えてないのは、非常にマズいわけ。人生の準備が全然できてない！　手遅れなのは見え見え。これは何も男の人に限ったことじゃないからね。女の子だって同じよ。「映画が好きだから、将来はハリウッドスターを取材するような仕事がしたい」と思ったら、すぐに英会話スクールに通う！「お嫁さんになりたい」って、そんなに強く望むなら、最低限のお料理の勉強はしておけ！　と。夢ばかり語って、努力をしないようじゃダメだよ。早め早めに準備してる人には、絶対に勝てません。

なかには例外もあって、プーだったのが、一気にバケて大物になるヤツもいるよ、確かに。それに賭ける！　というなら、それもアリだけど、確率としてはかなり低い。また、彼を更生させる手として、ひとつ考えられるのは、「私、だらしない生活を送ってるあなたが、もうイヤなの」とハッキリ言って、少し距離をおいてみること。すると彼はハッと目を覚ますかもしれない。こっちの確率も激しく低いけどね（笑）。

でも、目が覚めたからといって、すぐ目標が決まるわけじゃないし、彼を立ち直らせるには、ものすごい時間とエネルギーとお金が必要。しかもそれで成功するとは限らない。だったらその時間とエネルギーとお金をほかの男を見つけることに注いだほうが、ずっと建設的だと思うのだよ。人生は短いんだから、迷ってる暇はないのだ！

ダメ男に引っかかる度をチェック！

北野誠が大阪でやってるテレビ番組の本を出すというので
なぜか一条が一緒に作ることになったんだな
かなりのダメ男に引っかかって結局別れた女にあれこれ聞くんだけど
さんざん観ていてそこにパターンを発見したんだよ
運命のせい神様のせいにする女
神社の帰りに会ったし
偶然が続いたのよ運命だわ
結婚すれば子どもができれば彼が更生すると思ってる女
私のために変わってくれるはず
子どもができれば変わるるわ
彼の短所を長所だとカンチガイしてる女
すっごく男らしいの
男は何もしないでいばってるほうが男らしいよね
とにかく結婚したい女
そりゃぁ浮気はイヤだけど…
貸したお金も結婚したらサイフは一緒だしィ
このチェックに引っかかってたらあなたもダメ男にムダな時間を捧げるかも！
うれぴー
やっと別れられた
……
いちばん幸せだったのはいつだったのかの質問に大半の女が**彼と別れた時**と答えておりました最悪な恋愛だな

男の甘えを上手に受け止めるには いろいろ彼に条件を出して ギブ&テイクの関係をつくること

たいていの男はマザコンである――。

私はそう確信しております。なかには、恋人と母親を勘違いして、〝子ども返り〟する人も多いみたいね。友達の彼は、普段はすごくしっかりしてるのに「手料理食べたいでちゅ～」なんて急に幼児語になったり、ベッドの中で「僕のことギュッとして」なんて言うらしい！

でも、「あまり甘えないでほしいの」と相手を拒否することは、かえって逆効果。たぶん彼は、彼女の前で、子どものように振る舞うことによって、心のバランスをとっているの。それがあるから、外ではしっかり者をやってられるわけ。

彼女が彼の甘えを拒否すると、彼はイライラしたりして、挙げ句の果てに、ほかの女のところで発散する危険が激しくある！　だからまずは我慢！　母性本能の強い人にとって、それはたやすいことだよね。むしろ甘えられることに喜びを感じるはず。でも、キャパの狭い人が無理をすると、途中で絶対我慢できなくなって、爆発しちゃうんだよねえ。私はそうです。

それでは！　彼に甘えられた時、キレないように、うまくバランスをとるにはどうしたらいいか!?　それはギブ&テイクの関係になるように、いろいろ彼に条件を出してみることだな。「あなたがこれをやったら、これをしてあげるわ」って。彼が子ども返りしたところを利用して、偉そうなお母さんを演じるのだ！「おやつの前に、宿題よ」という感じ。まさに子育てと一緒だな。これなら腹が立たないと思うよ。

もちろん相手が甘えてきたら、同じように「～でちゅ～」と甘えるという手もあるよね。いわゆる〝チュー返し〟(笑)。たまに街で見かけるでしょ。かなり気持ち悪いカップルといえるけど、それもまたひとつのアトラクション。慣れれば、快感になる……かも!?

『彼は私にだけは甘える』……と思ったら大間違い。人は甘えていい環境なら、誰にでも甘える生き物

ところで、恋人に甘えられて、『彼は私に心を許してるのね』と喜ぶ人がいるかもしれないけど、『甘える＝心を許してる』と素直に判断しないように。なぜなら、人は甘えてもいい環境だったら、誰にでも甘える生き物なのだ！

たとえ、今日会ったばかりの人でも、自分の話を熱心に聞いてくれる人には、人はなんでも話すし、甘えるもの。あなたも会ったばかりの占い師に、なんでもかんでも話すでしょうが。男性だって同じなのよ。しかも彼らは、そんな環境をよくお金で買ったりもいたします。飲み屋さんに行けば、ホステスさんに平気で甘えるし、イメクラのお姉ちゃんと幼児プレイをしてる人もいるし（笑）。もちろん甘えることは、内面を見せることでもあるので、心を許してる人には甘えがちになるけれど、そこに愛があるかは、また別の次元の問題なんだよね。ふぅ……。

では、なぜ人は甘えるかというと、それは単純に、とっても気持ちいいからなのだ。たとえば〝甘える〟に近い言葉に〝頼る〟があるけど、このふたつ、激しく似てるけど、ちょっと違う。〝頼る〟は、まだ片足で立ってる感じだけど、〝甘える〟は全部の体重で寄りかかってる感じ。その分、すごく解放感があるんだよなあ。しかも「こんなことやっちゃってるよ、オレ」という現実逃避《とうひ》的《てき》な楽しさもある。

その分、甘えられるほうは大変だよね。特に友人関係においては、「前はあなたが甘えたから、今度は私ね」というギブ＆テイクの関係が、自然に成り立つけど、恋人同士の場合は、どちらかが一方的に甘えるというパターンが多い。それで片方に負担がかかってしまうのよ。

とはいえ、甘えることは、お互いの関係の中で、ガス抜きになるので、ある程度は受け入れる努力も必要だと思うよ。それに、「甘えたい」なんて、男の悪癖《あくへき》の中ではかなりかわいいほうでしょう。ギャンブルとかに比べたらノープロブレム！　少しくらい甘えさせてあげてもいいんじゃない⁉

アメとムチを上手に使え！

告白するが　一条もこのタイプの人格だから　わかる!!

ここがダメなら当然ほかを探して甘えるけど、それでいいのか!?

甘えさせた経験がないのなら　今こそチャンスだ！

人生経験!!　将来の子育てにも　役に立つ!!

みるみる恋がうまくいく！

初めて彼の車でドライブに行く時のお作法

その1　彼の車を絶対けなしてはダメ！

自分の車に愛着を持ってる男の人はとても多い。だから色、形、なんでもいいのでほめてあげて。「何キロでるの？」など、いろいろ聞いてあげるのもマルよ。間違っても、「右ハンドルの車に乗るの、久しぶり〜」なんてイヤミを言わないように（笑）。

その2　はおれるものを持っていこう！

たいていの男の人は暑がりなので、夏場だと、冷房を強くしがち。寒いのを我慢するのもイヤだし、かといって、彼に我慢させるのもかわいそうよね。寒かったら、「大丈夫、カーディガン持ってきたから」と言えるくらいの気はきかせるべし。

その3　彼が気持ちよく運転できる努力を！

ナビをやる。あめ、ガムを用意しておく。渋滞していたら、「ま、ゆっくり行こうよ」と彼のイライラをなだめるなどの心遣いは大切。また運転をしてもらってるんだから、高速代やお茶代はこっちが払おう。もちろん助手席では眠らないのが基本。

その4　本性を出さないよう気をつけて！

割り込まれた時、「チッ、何あの車！」と舌打ちしたり、「ほら、そこ入れる！」なんて彼に指示するのは禁物。車に乗ってると、つい本性が出がちなので要注意（笑）。

その5　最後にねぎらいの言葉を忘れない！

車の運転は、とっても疲れるもの。だから最後に「今日は疲れたでしょう。ありがとう」と、彼にご苦労さまの言葉を言うこと。さらに「とても楽しかった。また誘ってね」と次につなげる会話も忘れずにね！

恋の掟 13

意外性のない女は、〝都合のいい女〟になりがち。手の内をばらしすぎなのだ

世の中で、いちばん理《り》不《ふ》尽《じん》なもの。それは恋愛だと思うのだ！　まさにホレたもん負け!!　一切の正義は通用しないのだよ。たとえば8時の約束で、家で夕食を作って待っていて、彼がやってきたのが11時だったとする。悪いのは、どう考えても遅れてきた彼だよね。でも、「ここで怒って彼が帰っちゃったら大変！」と思うなら我慢するしかない！　嫌われたくないと思えば、どんな無理でも聞いてしまう。恋愛では〝どっちがより好きか〟で、すべてが決まってしまうんですねえ……トホホです。

逆に、男からすると、こんなふうに自分が優位な状況は超ラッキーよ。自分のワガママも聞いてくれるし、浮気しても、「大切なのはおまえなんだ」って言えば許してくれたりする。そして気がつくと、彼にとって彼女は〝都合のいい女〟になってるのよ。怖いですねえ。

なかでも問題なのは、どんな男とつきあっても、いつも〝都合のいい女〟になってしまう女。そういう人は自分の手の内を相手にバラしすぎるのだな。それで意外性というものがない。たとえば普段は従順《じゅうじゅん》そうに見えるのに、何かあった時はガンと主張するとか、意外な一面を見せると、彼は彼女の行動が読めないから、めったなことはできなくなったりもする。

ところが言動がワンパターンだと、「なんだかんだ言って、結局、アイツは許してくれる」なんて、すっかり見くびられてしまうんだよ。気をつけないと、相手にとって簡単な女、軽い存在の女にどんどんなり下がってしまうってわけ。クイズだって、攻略《こうりゃく》するところに喜びがあるわけで、恋愛も〝秘密の小部屋〟を持っておかないとダメなんだよね。

彼を〝都合のいい男〟に教育するには、まずはほめること

単純に、まるめ込まれやすい性格の人も〝都合のいい女〟になりがち。「まぁ、ここはオレの顔を立ててると思って」とか言われると、「なんかおかしいな～」と思いながらも、「わかったぁ」なんて納得しちゃう人。こういう人は、「ここまではＯＫだけ

ど、この先はダメ！」というデッドラインが引けないのよね。新聞の勧誘とかが、断れない人は要注意。

ただし〝都合のいい女〟は、ある意味、男にとって〝居心地のいい女〟でもあるんだな。だから、男はなかなか彼女を手放せないと思うのだよ。いろいろつまみ食いをした挙げ句、最後に戻ってくる可能性も高いので、長期戦の構えで、しぶと〜く彼に張りついていれば、幸せをゲットできるかもね!?

そして、その間に、少しずつｅｖｅｎ《同等》な関係に持っていければなんとかなる。たとえば、あなたが迷惑だと感じるワガママには、少しずつＮＧを出す。たまにはプレゼントをおねだりしてみる。ちょっとずつ自己主張することで関係も変わってくるはず。

さらに一歩進んで、彼を〝都合のいい男〟に教育しなおしてみよう！　男に何かしてもらおうと思ったら、まずはほめることなのだ。たとえばラーメンを作ってくれただけでも、「すごくうれしい！」「すごく料理がうまい！」とほめちぎって乗せるのだ。「そうか〜。しょうがねぇなぁ」という言葉が出たら大成功！　彼は、次もラーメンを作ってくれるだろうし、もっと手の込んだ料理を作ってくれるようになるかもしれないよ。

そうやって、ささいなことからクセをつければ、彼の〝都合のいい男〟化も進むはず。亭主関白カップルに見せて、実は手のひらで転がしている。そんなタフな女を目指そう！

男の役に立つ女になれ!!

なぜ!? すぐ男が離れていってしまうのか!?
つまらないからに決まってると思う
人はなぜ他人を求めるのか!?
その人が自分の役に立つから
楽しいとかうれしいとかさ

つまり!! 男の役に立つ女になる!! しかない!

人間は他人に何を求めるか!?

フル・マラソンを一緒に走ってくれる戦友タイプ

いろいろ大変だが やりがいがあり
完走できれば喜びは大きいが
途中で男が疲れてリタイア
される危険あり!
たまには甘えさせてやろう

フル・マラソンの途中の給水所タイプ

こっちのほうがラクにやれるが
すぐに水を飲みたがり
甘えくさって めんどくさく
なる危険あり!
男は弱いのだと諦《あきら》めよう

お母さん お姉さん たまには妹になって ヨイショしてあげる
人生の戦友となって一緒に戦う ときには先生に ときには生徒に
両方やれれば 一番よろしい がんばってね

どっちにしても愛がなきゃ やってられん!!

これが めんどくさい人は 男とは遊ぶだけにしましょう

恋愛は量ではなくて質。相手とちゃんと向きあってつきあうことが何より大切

昔は、「つきあうなら処女じゃないと」みたいな処女神話があったけど、今は逆の男が増えてると思う。「処女は面倒くさいからヤダ」っていう。う〜ん、たしかに私が男だったら面倒かも（笑）。

そのせいか、処女っていうことを隠してつきあう人も多いんだってさ。「モテない女だと思われたくない」「つまらない女だと思われたくない」って、そこそこ恋愛経験があるフリまでしてしまう。

たとえば25歳で処女だったとする。たしかに恥ずかしいかもしれないなぁ。今まで「男性にまったく興味がなかった」とか、「結婚するまではエッチしない」とか決めてるなら別だけど、「彼がほしかったのにできなかった」という人は、自分でも反省が必要だよね。今の時代、男性と知りあう方法なんて、いくらでもあるわけで、その努力をしてこなかったのは、自分の責任なのだ。ただ、恥ずかしいけど、〝恥〟じゃないよ。悪いことしたわけじゃないんだからね。

とはいえ、まぁ、〝25歳処女〟で、誰かとつきあうことになったら、最初は隠しておいたほうがいいかもだな。それで引いてしまう男性もいるかもしれないので。でも、いざエッチするまでの状況になったら、「処女!? や～めた！」っていう男は、まずいない。だから、そういう状況になってしまえば、なんの問題もないはず。

それどころか、彼としては、ちょっとうれしいと思う。だって比べられる相手がいないってことは、「男って、こういうもんだよ」っていうスタンダードを自分がつくれるわけでしょ？　相手を自分好みの女にできるってことだもんね。

男にとって何がイヤって、前の男と比較されることなんだな。もし彼女が経験豊富な子で、「前にこんな人とつきあって、こうだったよ」なんて全部話したら、男は絶対不機嫌になるはず。私の友達も、彼が「前の男のことを教えてくれ」って言うから正直に話したら、「そりゃあ、たしかにオレとつきあう前の話だけどさ」とか言いながら怒ったらしい。男はプライドの生き物だから、やっぱり元カレの話は禁物。経験豊富な人は黙ってたほうが無難かも。

いいかげんなつきあいでは、結局、大切なことは経験できない

ところで恋愛経験が少ない人間は、つまらない人間なのか？

私はそうは思わないな。大切なのは、何人とつきあったかじゃなくって、どのようにつきあったか。たったひとりでも、ちゃんと深くつきあったことがあれば、経験の多い少ないは関係ないと思うのだよ。エッチだって、ひとりと長くつきあった人のほうがうまいと思う。新鮮味がなくなる分、お互いに、工夫も努力もいろいろしなくちゃならなくなるからね（笑）。これは男性にも、女性にもいえることで、数をこなしてる人は、たいていモテるから努力しない。だから意外とヘタ。

ただ、恋愛経験が一度もないという人は、たしかに人間的に薄い部分があると思う。恋愛って、親兄弟とも、友達とも築けない、特別な関係。気持ちを分かちあったり、ケンカをしたり、セックスしたり……。「会社ではこんな人だったけど、つきあうとこんな人だったんだ！」って、普通ではわからない相手を丸ごと見ることができる。それは恋愛でしか経験のできないことなのだよ。

その経験がない人は、やはり大切な部分が抜けちゃってる場合が多々あると思うよ。

恋愛経験はあっても、いいかげんなつきあいしかしたことのない人も同じだな。恋愛は量ではなくて質。お互いに、ちゃんと向きあってつきあうことが何より大切なのだ。

恋愛は数ではない！

一条の友達で恐ろしいほどの数の女とつきあった男が悟ったことは
女は数じゃない
だそーです
ただ量が多いとデータが取れるからつきあいは上手になるよね
時間にうるさそう
こいつわがまま
痛い思いもしてるからごまかしもうまくなるし
引き際も心得たもんでしょ
遊びたいなら広く浅く恋愛したいなら狭く深くがダイゴミよ
事実ではない
一条の理想は広く深くだから一生恋愛してなきゃ無理だな
ロクな恋愛をしてこなかった私が言うんだから本当だ
まだ間に合うか!?
ババアになった時に楽しく思い出すような恋愛しろよ
てなこと言っておきながら昔の男の名前をすっかり忘れて
友達に電話して聞いたのは私です
あいつなんて名前だっけ
あんたねぇ…

第3章 恋に迷った時の掟

恋の掟 15

男の浮気はクセみたいなもの。防止する方法なんて、ハッキリ言ってありません

恋愛でいちばん不安なもの。それはやっぱり彼の浮気。そこで知りたいのが男の浮気防止法だが、残念ながら、これがないのだな！

どんなにうるさく言っても浮気する男はするし、うるさく言えば言うほど、そういう男はさらに燃える（笑）。逆にほっといても、浮気しない男は全然しないし、これはもう男のタイプ次第。それに男の場合、『浮気は男の甲斐性《かいしょう》』なんて言葉があるように、ある意味、勲章《くんしょう》だったりするでしょ。ホント、ムカつくけど。なかには異性が、自分を相手にしてくれるか否《いな》かで、「自分がまだまだイケてるかどうか、確認したい」って人もいるし。まあこれはわからんでもないけど、やめてほしいよ。最近では、ケータイやメールの普及で、そんな男子たちには、住み心地のいい環境になりまして、まったくいかがなものかと思いますですよ。実際、雑誌で恋愛相談をしてた時は、「彼が出会い系サイトで知りあった女と浮気してるらしい⁉」なんて女の子たちのお手紙をたくさんもらったんだよね。それで、心配のあまり、「彼の手帳やケータイをこっそりチェックしたんですけど……」なんていう人たちもけっこういたりして。

でもそれって、めちゃくちゃ失礼な話。するなよそんなこと。彼の〝浮気グセ〟も問題だが、それ以上に問題なのが、その〝疑いグセ〟。彼の私物を、無断でチェックしてるんだよね？　私が男だったら、そういう女とは絶対つきあいたくない。まずそれを直しなさい！　人のケータイや手帳は絶対見ちゃダメ‼　自分以外の女の影をいちいち気にしてたら恋愛はできないよ。現実に、自分以外に女はいっぱいいるんだから。

ただ、『浮気をしてほしくない』という気持ちを伝えるのは、悪いことじゃないと思う。うるさくない程度ならね。たとえば彼がほかの女とメールをやり取りしているのがイヤだったら、「どうしてそういうことするの⁉　私がイヤがるってわかっててやるの⁉」なんて責めるのはNG。「ほかの女にメールする時間があるんだったら、もっと私にも送ってほしいな〜」っておねだりするの。かわいく甘えるのが正解だよ。

結局、美しい言い方をすれば、彼を信じるしかないのよね、危険だけど。だまされて、傷つくのは覚悟のうえで、ね。問題は、それでもつきあいたい相手かどうか⁉

好きな人とつきあいたいなら、そういう腹のくくり方が必要なんだと思うのよね。

「愛が深いから、それだけ嫉妬も深い」なんてウソ。自分の幸せしか考えられない、自分勝手な女の証拠

では、彼が浮気してる!! それが事実となった時、どうすればいいのか!? 実は女には、3つの選択肢しかないのだ。

1 浮気に目をつぶる。
2 浮気相手と別れさせる。
3 自分から別れる。

そして、もし彼と別れたくないなら、1の選択が無難。イヤですねえ……。まあたいていの人は2を選びたいよね。もちろん実力があれば2がベストだけど、コレかなり注意して行動しないと逆効果になりやすいよ。浮気相手と別れさせようとして「浮気したでしょ!?」なんて、ネチネチと責めたら、彼は逃げてしまうかもしれないし、「謝ってるんだからいいだろう!?」と開き直ったり。しだいに、あなたより浮気相手のほうがかわいく思えてきちゃったりするからね。要するに殴り飛ばしたいところをグッとこらえて、あまり追いつめないように!

ところで、女性の中には必要以上に嫉妬《しっと》深い人がいるでしょ。彼が友達と飲みに行っただけで疑ってみたり、女の友達と電話で親しげに話してるだけで怒ったり。そして、そういう人に限って『独占欲が強いのは、相手への愛が深いから』と思ってるみたいだけど、それとこれは別問題。『愛が深いからこそ、独占欲がわかない』という人もたまにはいるのだよ。

それはどんな人かというと、『自分にとっての幸せ』ではなくて、常に『相手にとって、何が幸せか』というところで、ものごとを考えられる人。〝自己犠牲《じこぎせい》〟までいくと、ちょっといやらしいけど、基本的には、愛を与えられるタイプの人。なかには、こういう女性にあぐらをかいて、浮気をしまくってる最低な男もいるから、「浮気して、彼が幸せならいいわ」ってことではないけれど、少なくとも、女友達と飲みに行ったりすることが、彼にとって息抜きになるなら、「まぁ、許してやるか」くらいの寛容さはあってもいいんじゃないかな。

一方、束縛《そくばく》の強い人はその反対。『自分の幸せ』というところから、いつも発想がスタートするから、彼の存在も、自分のためだけにないと、許せなくなってしまう。愛情が深いから、嫉妬するのだと誤解してる人もいるみたいだけど、本当はとっても自分勝手なだけなんだよね。嫉妬に悩むあなた、冷静になって、そのへんを考え直してみたら？

バカと浮気につける薬はない！

恋の掟 16

彼と「結婚したい！」と強烈に思い始めたら不倫は潮時

かつては不倫といえば禁断の恋だったけど、近頃は、それほどのタブーでもなくなってきております。

知りあいの若いＯＬさんにも、彼がいるのに、38歳のお医者さんと不倫してるって子がいました。38歳、医者。いいですよねぇ、お金はあるし、そこそこなれてるし(笑)。さぞ居心地いいでしょう。先生のほうも、彼のいる女だったら面倒くさくないし、すごくラクだよな。ところが先生が、「妻とは離婚するから、結婚しよう」なんて言いだしたもんだから、彼女はパニック。「このままでは、先生も彼も傷つけてしまう」なんて、すごく悩んでおりました。

でも、大丈夫！　すごい確率で、先生は離婚しません!!　それは「結婚したい」くらい好きだっていう気持ちの表れであって、実際に形にするという意味ではないのだから。そりゃ、年若い子とホテルに行った日には、オヤジなら〝結婚〟のひとつも口走る気持ちになると思うよ。でも、ホテルを出たら、きっとすぐに忘れてるはず（笑）。

それに、もし彼女にフラれても、これだけの財力とマメさがあれば、先生には、すぐに次の女ができると思うの。だから気にすることなんてない。その代わり、彼女も先生に対して、「結婚しようと、ウソついたのね！」なんて責めたらダメ。お互い、〝いいとこ取り〟できれば、それでいい。不倫とは、そういうものなんだよ。

それから、もし今、彼女が真剣に結婚したいと考えてるなら、先生には期待できないから、やっぱり彼を選ぶべきだと思うな。でも、そんなに結婚を急いでいないのなら、この二股状態のままで問題ないのでは？　たしかに倫理的には許されないけれど、捨てがたいメリットがある。男がふたりもいるという喜び。『私って、モテてるわ！』という充実感。今ほど幸せな時期って、この先ないと思う。今が人生の春なのよ！

いずれにしても、先生とつきあって、食費やお風呂代が浮いてる間に、ちゃんと貯金をしておくこと！　そして、この恋の結末が最悪な結果になった時、これを資金にビッグな気分転換をすればいい。海外旅行するとか、エステざんまいとか。最後に救ってくれるのは、彼でも先生でもなく、〝お金〟なのだ！

不倫は常に寂しさがセット。だから危険なことを考えてしまう

不倫の場合、男性は、みんなすごく優しいですねえ。ワガママも聞いてくれる。たいてい年上だから、お金にも余裕があるので、いろいろ買ってくれる。普通の恋愛より、ずっと居心地はいいとは思うよ。でも、その優しさを勘違いしないことが大切。優しいのは、愛が深いからでなく、あきらかに男性のほうに弱みがあるから。しかも普通の恋人と違って、彼女の悩みを自分の痛みとして、真剣に受け止めてないからなんだよね。要は聞き流してるってことなんだけど、それを女性は〝優しい〟と感じてしまう愚《おろ》かな生き物なのだ。

だから不倫するなら、心構えが大切。『不倫する男には、離婚する意思なんてない』『ただ遊びたいだけ』ということを大前提に考えないと、最後は結局、女の子が痛い目をみることになる！「妻とは別れるから」という発言も、絶対真に受けてはなりませぬ。彼の発言は4割減くらいの感じで受け止めておくこと。たとえば「妻とはうまくいってない」と言われたら、『妻とラブラブではない』って意味。「いずれ結婚するから」と言われたら、『キミのことが好き』って意味。男は、常におべっかを使っ

てるんだ、ということを忘れずに。

女性が精神的に自立しているかどうかもポイントだな。不倫はあくまでも〝ソファ〟であって、〝ベッド〟じゃない。安住の地ではなくて、ちょっとしたお休みどころなのだよ。だから寄りかかりすぎると、相手にとって負担になる。ひとり立ちできないとダメね。最後に、彼と「結婚したい！」と強烈に思うようになったら潮時！　だって結婚できないんだから。それに、不倫してる女性って、結婚を意識しないうちは、彼の奥さんのことなんて、どうでもいいと思ってるのに、結婚したいと思い始めた途端、奥さんのことが気になってしまうのよね。それで家に行ったり、電話したり、危険な行動に走りがち。こうなったら、不倫関係はやめたほうがいい。

恋愛において負の感情のスタートは、全部〝寂しい〟という感情から。寂しいから嫉妬する、寂しいからケンカになる……。残念だけど、不倫っていうのは、寂しさが、常にセットになっているのだよ。だからろくでもないことを考えて、危険なほうに走っていっちゃうのだな。この寂しさを受け入れて、寂しさとうまくつきあっていける人。それが人に迷惑をかけない、上手な不倫ができる人。と、同時に、それは自己管理能力が高いという証拠。不倫上手なだけでなく、仕事もできるし、生きることが上手な人でもあると思うのだ。

一条式不倫は峠の茶屋理論

恋の掟 17

会えない時間が育てるのは〝愛〟ではなくて、〝妄想〟。だから遠距離恋愛はムズカしい

彼が転勤で、自分の仕事の都合《つごう》で……。いろいろな事情で、遠距離恋愛をしてるカップル、意外と多いのよね。でも、悲しいことに、触れられる距離に、相手がいないというのは、恋人同士にとって致命的《ちめいてき》。よほどの覚悟がないと、続かないと思う。いやホント。

特に女性は、生活における恋愛の比重がとても大きいので、遠距離の打撃は大きい。最近はメールやケータイもあるとはいえ、目の前にいて、話を聞いてもらうのとでは、楽しさが全然違うからねえ。

触ったり、声を聞いたり、エッチしたり……。恋愛は、そんなふうに彼を〝体感〟することが大切なのだ。それができないと、女の人は、やっぱり不安になってしまうものなのだよ。それで久しぶりに会った時、ちょっと彼がよそよそしいだけで、『浮気してるんじゃないか!?』なんて疑ったりして。

反対に、自分のほうが、つい身近な男性に魅《ひ》かれてしまうということもあるよね。私だったら、絶対に〝遠くの親せきより、近くの他人〟がいいもの。「彼じゃなくて、会社の同僚とか、こっちの男のこと、好きになったらラクなのに。好きにならないかな〜」くらいなこと、考えちゃう(笑)。もちろん世の中、そんなヒドい女ばかりじゃないとは思う。不安がいっぱいあっても、『彼を失いたくない』と頑張る誠実な人もたくさんいるはず。

では、どうやって距離を埋めたらいいのか。いちばんいいのは、とにかく会う回数を増やすことだ! それに勝《まさ》るものはないな。ただ、そのために出費がかさんで、普段の生活が貧乏になってしまうなら、おすすめできないけどね。

だって彼と会ってる時間より、貧乏でいる時間が圧倒的に長いんだから。しかもウサ晴らししたくても、お金がなかったら飲みにも行けない。結局はストレスがたまるだけ。だったら、会って、「どうしたら寂しくなくなるんだろう?」って、自分の気持ちをちゃんと彼に伝えるほうがいい。問題から逃げないで、真剣に話し合うことが必要ね。

そして、もし可能であるならば、婚約するとか、籍だけ入れてしまうとか、何か契約を結ぶのがベスト。それだけで、むちゃくちゃ違うと思うぞ。人は社会的な枠《わく》の中に入ることで、寂しさを紛《まぎ》らわすことができる生き物だから。

実際、単身赴任《ふにん》した夫と、寂しくて別れたって話、聞かないでしょう？（笑）。それと同じ。ただの恋人から、婚約者になっただけで、すごく気持ちに余裕が生まれるものなの。彼が言いださなかったら、自分から言いだすくらいの覚悟を決めて、話し合いに臨むこと。

それから遠距離恋愛のドラマで、よく「突然、会いに行く」というシチュエーションがあるけど、あれだけはやるな！　一見ドラマティックだし、ヒットすれば、めちゃくちゃヒットするけど、なんせ相手のいること。疎《うと》まれる可能性大。いないかもしれないしね。

愛が深ければ距離に勝てるか？ 私は勝てると思うのだ

遠距離恋愛と聞いて、思い出す歌があります。♪会えない時間が　愛　育てるのさ〜♪（郷ひろみの『よろしく哀愁』）。このとおりなら問題ないんだけど、会えない時間が育てるのは、〝愛〟じゃなくて、本当は〝妄想《もうそう》〟だと思うのだよ。

会えない時間が長くなるほど、人はドラマティックなものを求めるもの。それで次に会う時には、ガンガンに盛り上がりたいと思って、「あんなこともしよう！」「こんなこともしよう！」ってアレコレ考えてしまう。ところが、それは女性に強い傾向で、男性は恋愛における妄想の度合いが低い！　男が激しく妄想するのはエッチぐらいなんだよね（笑）。

だから久しぶりに会っても反応は薄い。それに対して女性は、「自分と同じように盛り上がってくれないのはなぜ⁉」「なんかうれしくなさそう」とよけいな心配をしてしまったりする。遠距離だからといって、あまりドラマティックに考えすぎないことが大切よね。

では、愛があれば距離に勝てるか……という問題だけど、私は勝てると思うのだよ。では、どんな愛なら勝てるのか？　それは『与える愛に喜びを感じる』タイプか、『もらう愛に喜びを感じる』タイプか、で決まってくると思うぞ。

たとえば彼が昇進した。忙しくなって、デートができなくなったけど、彼は幸せそうだ。だから自分もうれしい。そう思えるのは『与える愛に喜びを感じる』タイプ。このタイプは遠距離恋愛にも強い。一方、彼はうれしくても、忙しくなってデートができなくなったら、私はイヤだ。私にもっとサービスしてほしい。そう思うのは『もらう愛に喜びを感じる』タイプ。このタイプの人は、与えられることに慣れているから、それが満たされないと、不安に思ってしまうんだよね。それで遠距離恋愛でも、寂しさに負けてしまう。

でも、『与える愛』の人は、自分が愛をつくる側なので、寂しさも乗りきれる。その違いなのだよ。遠距離恋愛に向いているかどうかは、自分の恋愛タイプを知ることで、見えてくるはずだよ。

どっちにしても、ものは考えようなのだ。月1回の遠距離デートは、普通のカップルに比べたら、少ないかもしれないけれど、彼がいなかった時のことを考えれば、うれしいおみやげになる。そんな発想の転換ができれば、遠距離恋愛も楽しいものになるんじゃないかな。

将来の夢がなければ続かない

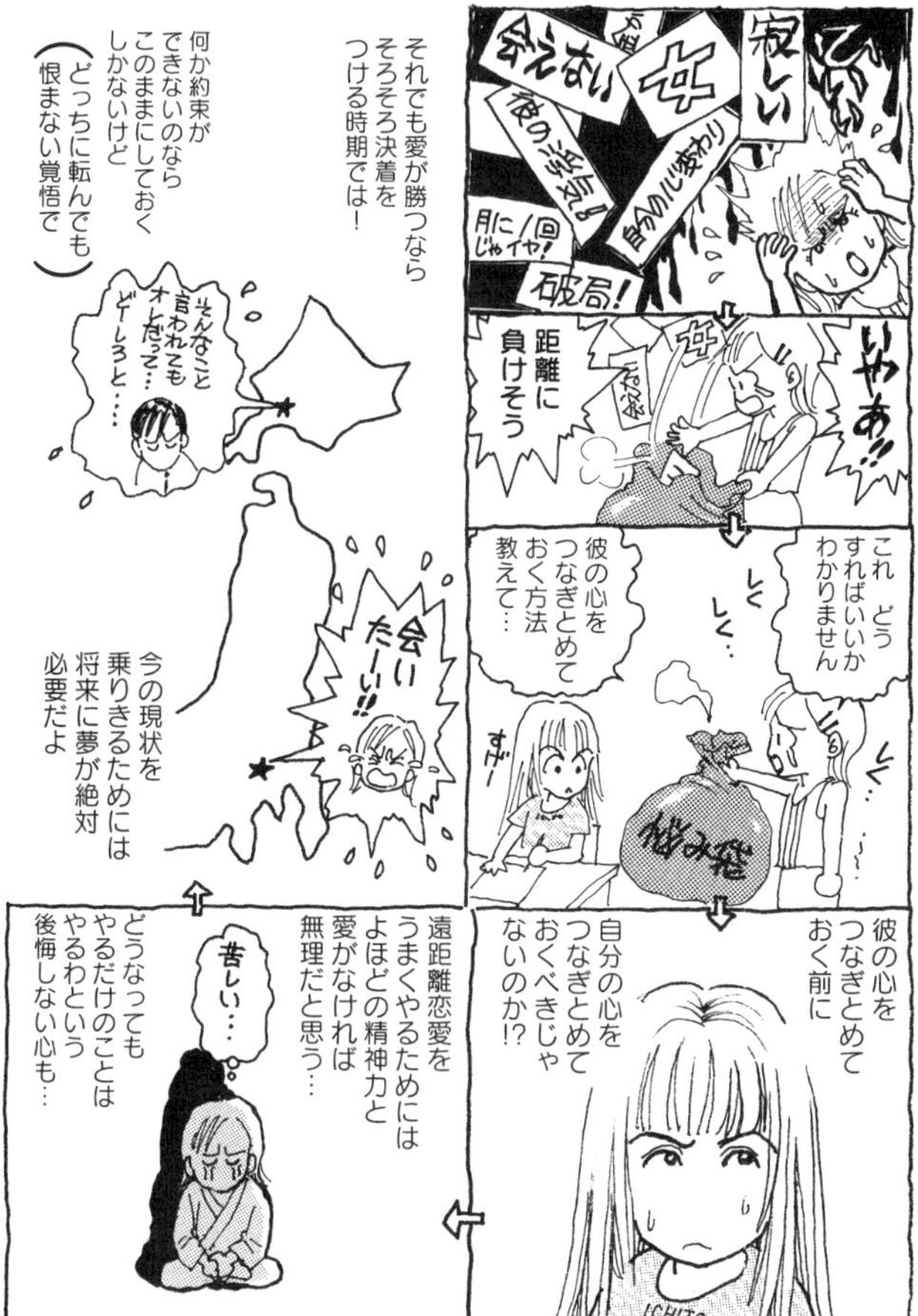
寂しい
女
会えない
彼の浮気!
自分の心変わり
月に1回じゃイヤ!
破局!
いやあ!!
距離に負けそう
女
これ　どうすればいいかわかりません
しく
しく…
彼の心をつなぎとめておく方法教えて…
悩み袋
すげー
しく…
彼の心をつなぎとめておく前に
自分の心をつなぎとめておくべきじゃないのか!?
ICHITO
それでも愛が勝つならそろそろ決着をつける時期では!
何か約束ができないのならこのままにしておくしかないけど
（どっちに転んでも恨まない覚悟で）
そんなこと言われてもオレだって…どーしろと……
会いたーい!!
今の現状を乗りきるためには将来に夢が絶対必要だよ
遠距離恋愛をうまくやるためにはよほどの精神力と愛がなければ無理だと思う…
苦しい…
どうなってもやるだけのことはやるわという後悔しない心も…

恋の掟 18

男は結婚を考えない生き物。考えさせるきっかけを女がつくることが大切！

恋愛の先にあるもの、それは結婚。

「20代のうちに結婚したい」という女性はまだまだ多いよね。ところが、男のほうはサッパリ腹をくくろうとしない。「つきあって三年たつし、そろそろ結婚を、と思うんだけど、ヘタに話を切りだして、彼とギクシャクするのは怖いし……」「五年もつきあってるのに、結婚話をまったくしない彼。私と結婚する気はないの!?」などなど、煮えきらない男たちへの不安やいら立ちは増すばかり。

そこで、まず知っておきたいのが、男の結婚観ね。実は男は女ほど、〝結婚〟について、考えない生き物なのだ。だって恋愛のことだって、男はあんまり考えないんだから（笑）、まして結婚のことなんて、20代半ばではほとんど考えてないはず。なんと言っても、男は、執行猶予《しっこうゆうよ》期間《きかん》が長いからね。〝30歳で独身〟でも、全然ＯＫでしょ？　切羽《せっぱ》詰まったところがまったくないのだよ。できれば先延ばしにしたい、というのが本音だと思うのだ。

だから、「こんなに長くつきあってて、結婚を考えないなんて！」と、彼のことを怒っちゃいけないのだよ。それより、まずは結婚を考えさせるきっかけをつくることが大切なのだ。そして、そのきっかけは、やっぱり女性がつくるしかない！　そりゃ、「僕たち、そろそろ三年になるよね。結婚を考えてくれないかな」「えっ、そんなぁ♡」っていうのが理想でしょう。こっちから、「結婚したい」なんて言うのは、なんかがっついてるみたいでカッコ悪い。でも、しかたないのだよ、実際、がっついてるんだから（笑）。

流されやすく、女性からの押しに弱い男性。その最たるものが、『できちゃった婚』

そこで重要なのは、そのきっかけづくりなのだ。「あなたは私と結婚する気があるの⁉」なんて問いつめたら、彼は逃げていくかもだから、まずはもっとソフトに、ほのめかす感じで。たとえば「もうつきあって四年だけど、この先、私たち、どうなるのかな?」なんて聞いてみるんだな。結婚という言葉を言わなくても、あなたが何を言いたいのか、彼は気づくはず。これでシカトされるなら、かなり見込みはないな。

友達の話をするという手もある。「友達のK子って、彼と三年もつきあってるのに、彼が結婚する気がないんだって。信じられない。三年もつきあってて」とか、あえて自分たちのことをにおわす。これなら、かなり鈍い彼もピンとくると思う(笑)。

一対一で話すのが気詰まりという人には、友達巻き込み型がおすすめ。友達と一緒にごはんでも食べてる時に、「アンタたち、どうなってるの?」なんて聞いてもらうのだよ。「四年もつきあってるなら、そろそろなんじゃないの?」って。そしてその時の彼の様子をチェック。まんざらでもなさそうだったらチャンス! その後、ふたりになった時、「この前の話だけど」と切りだせばいい。

もちろん話を切りだした結果、彼に結婚する意思がないことがわかる場合もあるよね。そんな時のために、自分の第一希望が〝彼〟なのか、〝結婚〟なのかをちゃんと決めておくことも必要。つまり結婚できなくても、彼とつきあっていたいのか、彼が結婚してくれないなら、彼と別れて別の男を探すのか。自分の中で、ちゃんと結論を出しておくことが大切なんだよね。

ところで、結婚は、よく〝タイミング〟だって言うけど、私もそう思うよ。彼が

「結婚してもいいかな〜」って、足もとがフラ〜ッとしてる時だったら、チョンとつっついただけで、簡単に転んでくれると思う。逆に、タイミングが悪い場合は、どうやってもうまくいかないものなのだ。つっついたら、逆に引いていっちゃったりして。

ただひとつ言えるのは、男の人は、結婚のことをあまり考えていない分だけ、『結婚はこうあるべき』というポリシーを、あまり持ちあわせていないということ。しかも男は女ほど、結婚相手によって人生が左右されないので、女性に対してのキャパが広い！　ある程度のレベルをクリアしている相手から押されると、「まぁ、オレも年貢の納め時か」なんて感じでＯＫしてしまうことが多いのだ。

ハッキリ言えば、男は〝流されやすい〟ってことだな。つまり女性がちょっと背中を押してあげるだけで、とっても効果があるということ。その最たるものが、最近、すごく増えてる『できちゃった婚』。「彼女だったら、まぁいいか」くらいの相手が妊娠しちゃったら、ほとんどの男性は結婚しちゃう、ということだもんね。本当に結婚したいなら、寄り切るしかないっ。強気で押していこう！

結婚したら恋愛はどんどん減る

激しく愛情があれば ずっと一緒にいたい!
つまり結婚したい!と男も思うのだが
まああの愛情の場合はやはり きっかけとゆーかタイミングが重要になるよね
それではどんな時に男が結婚を考えるのか!?
疲れて帰っても自分のことは自分でやるしかない
自分のパンツ洗うのも飽きたなァ
つまりラクしたい
家事能力に母性を求める尽くされたいわけですね
妻がいたほうが社会的によい
そろそろ結婚したほうが…
彼女がいないと見合いをするタイプだな
30歳は過ぎないと考えないでしょう
追いつめられた
ガキが できちゃった….
親がうるさい
彼女の親に詰め寄られた
彼女に言われるより多く
ひぃぃ
決断を迫られるってやつですね
人それぞれだけど 多くの女性は
結婚しても女でいたいと思うのに対し
男は妻と母でいいと思うんだよね
結婚したら恋愛はどんどん減るということは覚悟しときましょ

みるみる恋がうまくいく！

バーベキューで初めて彼の友達に会う時のお作法

その1 ブリッ子は禁止。年相応にいこう！

「いや～ん。お魚さんコワ～イ」みたいなブリッ子系は、あなたに愛情のない人から見ると、おぞましいだけ（笑）。フレンドリーな雰囲気は大切だけど、あくまで年相応の常識的な行動で対応するべし！

その2 エプロン持参。とにかく働け！

エプロン持参で、ちゃんと働ける格好で行こう！　また、かゆみ止めや虫よけスプレーなどを持っていくと、ヤル気がある感じがしてナイス。蚊に刺された人に「私、持ってますよ」なんて差し出せば、「デキる女！」と好感度アップ！

その3 グループのリーダーをいち早く見抜け！

みんなの行動をよく観察して、誰がしきっているのか、チェックしよう。そして、もしどこかの夫婦がしきってたら、妻のほうに、「何かお手伝いすることはありますか？」と聞きに行くの！　男ではなくて、常に同性のリーダーにつくように。

その4 自分の彼には、さわやかに接する！

彼にベッタリ……なんて態度はNG。むしろ彼とは距離をおいて、ひとりで参加している女性に積極的に話しかけよう。そんな気配りは、みんなしっかりと見てる！「彼女いいじゃん」という評価につながるぞ。

その5 楽しくても、飲みすぎに注意！

調子にのって、つい飲みすぎちゃう人は多いはず。でも、大はしゃぎするのはみっともないし、「酔っぱらっちゃった～」と後片づけもしないで休んでるのは最悪！　最後の片づけまで、気を抜かないように!!

恋の掟 19

恋愛において年齢差は障害ではなくプラス効果。よけいなケンカがなくなるんです

年下の男――。私がいちばん得意な分野ね⁉（笑）。いいわよ、年下は。異文化交流ができるから、遊んでて楽しいんですよね（笑）。

もちろん、世代のギャップを感じることもたくさんあるよ。デート代はたいてい私持ちだし、せっかくいいレストランを予約しても、ジーンズ姿でバッグはたすきがけだし、お酒を飲むと「オレはもっとビッグになる！」くらいの勢いで夢を語るし。

でも、いいのだ。夢を語られたら「そうよねぇ」って適当に相づちを打っておきゃあ（笑）。服装だって、こっちが教育すればいいんだから。ただし、言い方は気をつけないとね。「なんなの、その格好⁉」なんて責めると傷つけるだけ。男に何かリクエストするなら、まずねぎらう、ほめる。それから要望を言うと、願いをかなえてくれる確率が高くなるの！

たとえば「ちょっといいお店を予約したの。いつもの格好も好きだけど、ちょっとおしゃれしてきてね」と、前もって言っておく。これなら素直に聞き入れてくれるはずだ。

それに同世代の彼女から注意されたら、頭に来ることでも、年上のお姉さんに言われると、男のプライドは傷つかないんだよね。「ワインはこうやって飲むのよ」なんて、しつけてもらったら、むしろうれしいくらいで。そして、そうやって得た知識を、男は自分がおじさんになった時、若い女の子に還元《かんげん》する。これを〝愛のリサイクル〟といいます！（笑）。

そもそも年下の男の子が、デートで場慣れしてないのは当たり前。気がきかなくて当然。だって経験がないんだもの。だから、もし年下とつきあうなら、期待しすぎないことが大切。そうすれば腹も立たないと思うんだよね。

「年上のほうが、面倒くさくない」なんて男が増えている！　ラブチャンスはここにアリ!?

恋愛において、年齢差はいつも障害のように語られるけど、私は年齢差って、プラス効果だと思っているのだ。なぜなら年が近いと、「こんなことも知らないの？」「知らなくて悪かったな！」なんて調子で、ちょっとしたことでケンカになるけど、年齢差があると、これが戦わないのよ。相手との違いを感じても、年齢差ということで諦《あきら》められるので、よけいなケンカがなくなるの。できれば5歳くらい離れてるのがベスト。兄弟もそのくらい離れてるとケンカってしないでしょ？

ただひとつ気になるのは、自分が年上であることはメリットなのに、「おばさんと、つきあってくれてありがとう」なんて、自分でデメリットにしちゃう人が多いこと。冗談じゃないのだ！　自分の経験をタダで教えてあげてるんだから（笑）、卑屈《ひくつ》になる必要はなし!!　年上であることに負い目を感じて、ヘタに尽くしたりすると、男はつけ上がるだけだよ。『若い子に取られるのでは⁉』と心配になって、若作りするのも逆効果。だって、彼がなぜ年上とつきあったかといえば、〝大人の女〟だからなのだよ。そして彼は、普段は大人な女性が、たま〜に見せる子どもっぽいしぐさにギャップを感じて、うれしくなったりするんだな。だから、普段はあくまで年相応でいるべき。

とにかくいまどきの男子は、根性も男気もないダルい男が増えている。恋愛関係もラクなほうがいいので、「年上のほうが、面倒くさくなくていいや」なんていう男がゴロゴロしてる。ラブチャンスは、ここにアリ⁉　年下のいい男をゲットして、うま〜く育ててつきあおう！

年下男のお母さんになってはアカン!!

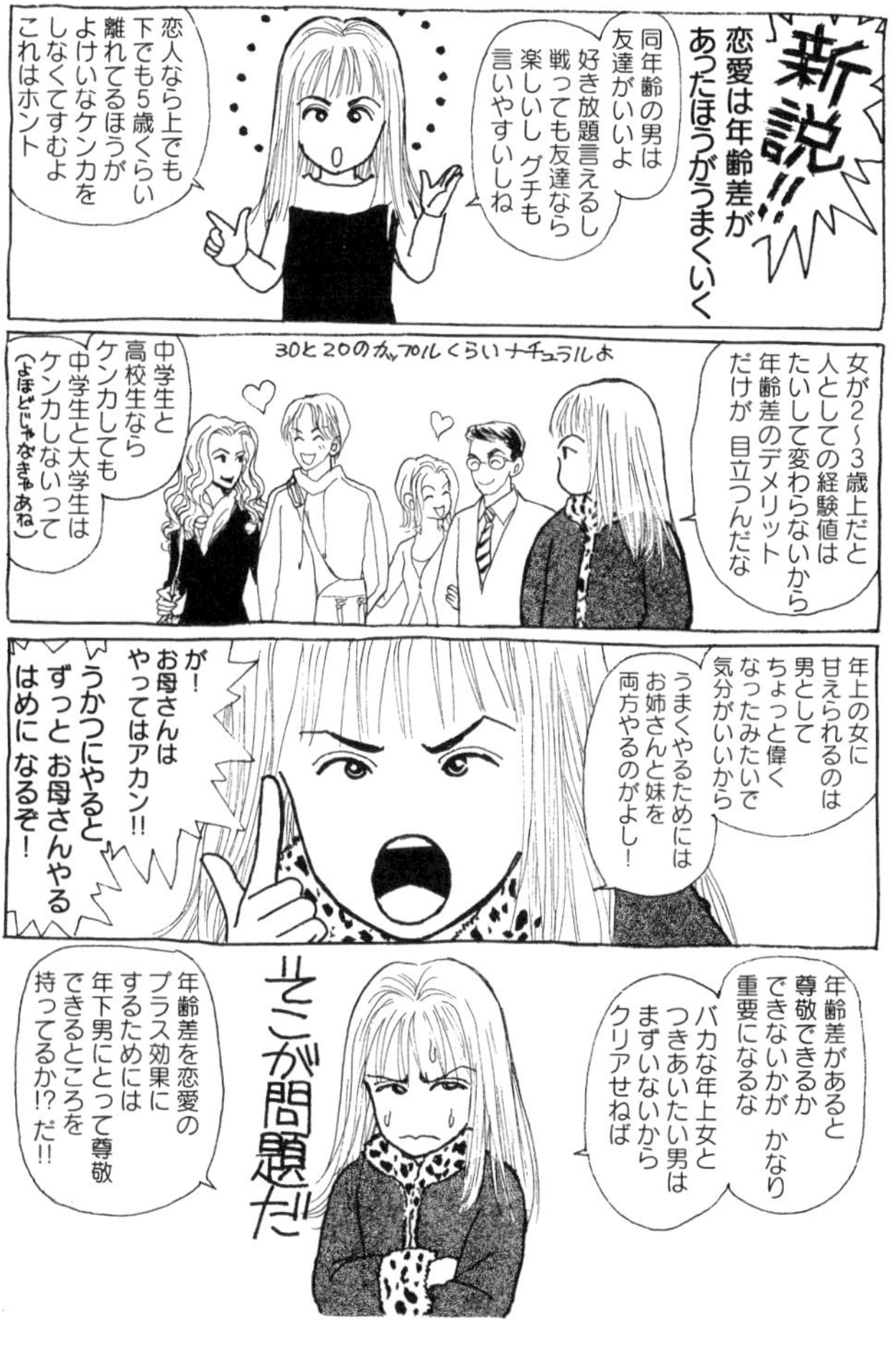

恋の掟 20

男はあなたを裏切るかもしれないけど、仕事はあなたを裏切らない

今でこそ、不安定なご時世だから、奥さんにも『仕事をしてほしい』と思ってる男性は多いけど、基本的に男性は保守的なのだ。『女房くらい、オレが養ってやる』『仕事して帰ってきたら、フロが沸いてて、メシができてるのが理想』と思ってる人は、けっこう多いと思うのだな。

以前、相談を受けた人も、新米看護師だったんだけど、彼が「結婚したら二〜三年後には、仕事をやめてくれ」と言ってる、と。でも、彼女は一生懸命努力して得た仕事だからやめたくない。かといって、彼のこともとても愛してるので、別れたくもない。

「どうしたらいいんですか!?」って悩んでたけど、仕事も恋愛も諦める必要なし！

両方取らねば！　というのが、私の結論。

そして、そのためには、とりあえず結婚するというのがズルくて賢いやり方ね(笑)。「子どもでもできたら、いずれは仕事はやめるから」などと言って、ズルズルと引き延ばすんだよ。それでも彼が、強硬に「やめろ」と言うなら、その時に、もう一度考えればいいことなのだ。

だって結婚して、二〜三年後なんて、どうなってるか、誰にもわからないでしょ？　もしかして彼女のほうが、看護師さんの仕事がすっかりイヤになってて、「こんなハードな仕事やってられないわ。やめられてラッキー！」って思うかもしれない。

逆に、共働きの収入の生活レベルに、すっかり慣れてしまった彼が、『仕事をやめないでほしい』と思うかもしれない。だって収入が半減したら、今まで住んでた家にだって、住めなくなるかもしれない。生活レベルを落とすことって、人間なかなかできないからねぇ。

それに看護師さんって、夜勤とかで、夜、家にいないことが多いじゃない。それで彼は、「妻のいない、ひとりの夜もけっこう楽しいぞ」ってことに、気づくかもしれないし(笑)。はたまた、ふたりの仲がすっかり冷えきってて、離婚の危機に直面してる可能性だってある。本当にどうなってるのかなんて、わからないんだから、結婚前に、ちゃんと全部決めなくても、いいことだって思うのだよ。

ある程度、自分らしく生きるには、やっぱり自分のお金が必要なのだ

ただ最終的に、男か仕事か、どちらかを選択しなくちゃいけなくなった場合、私だったら、仕事を選ぶと思う。だって男の代わりはいるけど、仕事の代わりはないから。男は私を裏切るかもしれないけど、仕事は裏切らないもの。もちろん、それほど仕事が重要じゃないって人にとっては、また違う決断があっていいと思うけどね。

それにある程度、自分らしく、自分の好きに生きるには、自分のお金が必要でしょ!? 同窓会に着ていく服を買うにも、ダンナにおうかがいをたてないといけないなんて、窮屈《きゅうくつ》だし、かなりイヤだな。

一方、男はそれで、奥さんに対して、決定的に優位な立場に立てるわけだ。だいたい、「仕事をやめろ」とか言う男は、そういうタイプだと思うんだな。「オレが養ってるんだから文句言うな」ってね。「女は家庭のことをきっちりやってればいいんだ」って。

最初はラブラブだから、そういう彼に対しても、応えてあげられると思うんだけど、結婚して何年かしたら、悲しいことに、つきあい始めのような愛も薄れるのよね。寂

しいですねぇ。そこにあるのは、ただ〝生活〟だけ。その時、もし仕事をやめてたら、きっと後悔するはず。『あの時、続けておけばよかった』ってね。

しかも看護師なんて、一生ものの仕事！　収入だって少なくないし、不況だからって、クビになるような仕事でもない。子育て中は仕事を休んで、落ち着いたら、また復職するってことだって可能。これを捨てるなんて、もったいない！　絶対続けるべきです!!

いずれにしても結婚したら、「めでたし、めでたし」で、物語がハッピーエンドで終わると思ってる人が多いけれど、違うのだ！　そこから新しい人生が、またスタートするのだよ。

『結婚したら、幸せになれる』なんて、甘い期待を相手に抱くのはNG！　自分自身の人生なんだっていう責任感と自覚を持たないと、短い幸せしか手に入りませんよ。

手に職を持つことは自分への保険

恋の掟 21

どんなに醜い自分を見せても気にならない。そんな元カレとは最高の友達になる可能性が高い！

先日、知りあいの女の子が、元カレのことで怒っておりました。友達の結婚式の二次会で、偶然、出会って久しぶりに飲んだら、すごく楽しかったそうな。で、『彼とはいい友達になれそう！』と喜んでたら、帰りがけに彼が「ちょっとホテルに寄ってかない？」って言いだしたらしい（笑）。「それしか考えてないなんてショック！　元カレと友達になるのってムズカしいんですねぇ」と彼女はガックリ。

それ聞いて思ったの。元カレにホテルに誘われて、ショックなのかぁ。私にはわからないなぁ（笑）。だって彼がそう思うのって、そんなヘンじゃないもの。昔、よくエッチしてた女と会ったら、楽しくて、いい雰囲気だった。それで彼は思わずユルんじゃったのであろう？　それはかなりありがちなことだと思うんだよね。

しかも彼がホテルに誘うのは、まだ彼女のことをちょっとは〝女〟として見ている証拠なわけよね。昔、なじみだった店に久しぶりに行ったら、ママが相変わらずキレイで、「やっぱ居心地がいいな〜」みたいな（笑）。『コイツと別れてよかった！』とか思われたんじゃないんだから、むしろ喜んでもいいくらいだと思うのだよ。なのにショックを受けるというのは、「ホテルに行こう」という言葉を厳粛《げんしゅく》に受け止めすぎてるんだと思う。

だいたい男っていうのは、たいした覚悟がなくても女をホテルに誘う生き物なのよ（笑）。しかも元カノってことは、いろいろな手続きもいらないし、とってもラクチン。彼女から断られても、『そうだよな〜』と思うくらいのもんで、男にとっての〝ホテル〟は、女が考えるほど重くないのだよ。問題は、これくらいのことでショックを受けてる彼女のほう。それではどうしたって元カレとは、友達にはなれません。別れた男と、友達になる秘訣は、相手がその気になった時、うまくかわせるかどうかだから。

エッチに誘われても怒ったりしない。「ダメダメ♡　その代わり、これからは友達として仲よくしようねっ」って明るく、かわいく逃げるのだ。「今は彼がいるからダメ。彼氏と別れたらねっ♡」とか言って、気を持たせるのもアリかもね。そしたら彼は『いつかチャンスがくる！』と、優しくしてくれると思うよ。

もちろん彼は心の中では、『たまには一回くらいやらしてよ〜』って思ってるに違いないけど、それは男の本能だからしかたない。

彼がいなくて気が向いたら一回、エッチしちゃってもいいのだよ。それでも、「う〜ん、やっぱり友達だわ」と、あなたが言えば、きっと友達になれると思うし(笑)。元カレをどれくらい上手にかわせるかは、あなたの度量次第。頑張って！

ヨリを戻しても失敗の可能性大。人はそんなに簡単には変われません

実際、うまくつきあえば、元カレはいい友達になると思うのだ。特に、恋人としてはNGだったけど、人間的には、まあまあいいヤツだったら、あなたにとって最高の友達になる可能性が高い！　なぜなら、まずあなたのいいところも悪いところも、よ〜くわかってくれてるし、つらい時はサンドバッグにもなってくれる。使い勝手がいいのだ！

そして何より、嫌われるのが怖くないっていうのが最高ね。どんなに陰険《いんけん》な自分を見せても、彼の前で、たとえゲロを吐いたとしても、「しょうがないでしょ!?　これが私なんだから！」って開き直れる。これは最高にラクチンで気持ちいい!!

しかも男友達は、女友達より優しいのよ。なぜなら、男ってええカッコしいだから、『別れた女にも優しくしてあげられる、キャパの広いオレ』という部分で、元カノとの関係はとても気持ちがよいのです。虚栄心《きょえいしん》をくすぐられるのだな。それで「話くらい聞いてやるから、何かあったら電話しろよ」なんて余裕を見せちゃったりして。

とはいえ、さっきも言ったように、男はどこかに下心があるし、「エッチができない女と飲んでもしょうがない」ってヤツもたくさんいるから（笑）、元カノと友達づきあいなんて、面倒くさいという人も多い。その点で、別れた後も、友達づきあいしたいという、女の気持ちとスレ違ってしまうので、そう簡単にいかないのも事実だけどね。

ちなみに、元カレとヨリを戻して、再びつきあうってパターンもあるよね。でも、これは、ものすごい確率で失敗すると思う！　しかもだいたいは、前回別れたのと同じ理由で!!　最初は、彼も変わったように見えるかもしれないけど、つきあってるうちに、どんどんボロが出てくるはず。しかも二度目は、あなたがキレるのが早い!!　よっぽどのことがない限り、人は変わらないもの。だまされないように気をつけてね。

慣れてる女はラクでいい!?

別れた男と
ある日バッタリ
久しぶりに
会ったら話も
はずみ
こんなに私を
わかってくれて
やっぱり好き
だと思った
別れがたく
誘われるまま
ホテルに
HOTEL
昔よりもエッチ
も濃厚♡
愛を感じるわ
ああ私たち
どうして別れ
たりしたの
かしらね
今度こそ
ベストカップルに
なれるわ♬
いやぁ
慣れてる女って
ラクでいいよな
気が向いたら
またやろうぜ
じゃなー
え!!
わたしゃ
セフレかい!?
ばかやろー
別れてよかったよ
この○×△野郎!!
なんてことは
よくある話
その場のムードに
流されないで
ちゃんと相手の気持ちを
確かめてねというお話

恋の掟 22

あなたから別れ話をする時はヒドい女をしっかり演じるべし。それがお互いのためなのだ

「彼がかわいそうで、なかなか別れを言いだせない」「彼を傷つけないで、別れる方法はありますか？」なんていう相談をよく受けるんだけど、冗談じゃないっ。そんな方法、あるわけないじゃないか！　別れを切りだされて、悲しまない恋人がいると思うか？

それにこういうことを言う人は、すごい誤解をしてる。「彼を傷つけたくない」のは、『自分が優しい人間だから』と思ってるみたいだけど、本当は『自分が人を傷つけるような悪者になりたくない』だけ。相手を思いやってるようでいて、実は自分がかわいいだけなのだ。

しかも彼と別れたら、次に保証は何もない。だから、たいして好きじゃないけど、とりあえずキープしておこう……なんて、頭のどこかで計算している。自分では認めたくないかもしれないけれど、そんなズルい女なのだな。

男をキープすることが、悪いことだと言ってるのじゃないよ。世間体や寂しさを埋めるために、恋人をつくる人はけっこういるから。だから、『ひとりじゃ寂しいから、とりあえずキープしておこう』って、自分で自覚してるなら、それはそれでアリだと思うの。ただそういう自分のズルさにも、気づいていないといけないと思うのだな。

恋愛は必ず〝痛み〟とセット。そこから逃げてはいけません

『彼に別れが切りだせない』――その場合、結論を言えば、方法はふたつ。『自分をズルい女だと自覚したうえで、彼をキープし続ける』か、『自分が悪者になるのを覚悟して別れる』か。前者は、彼をキープしながら、次の獲物を待つっていうパターンね。ヒドい女だけど、今は、これが許される世の中。そのうち、すご〜くカッコいい男が現れて、彼のことを相談してるうちに、恋愛関係になって……という最高の顚末《てんまつ》が期待できそう。次がいれば、なんの痛みもなく別れられるしね。

一方、彼と別れることを決断した場合。「あなたのココがイヤなの」なんて言うと、

『じゃあ、ここを直せば、やり直せるかも』と彼に期待させてしまうので、理屈ではなくて、もう愛がさめてしまったのだということをキッパリと告げたほうがいい。もちろん『悪いのはあなたではなく、私なのだ』というフォローもちゃんと入れて。

それはきっとつらいことだとは思うけど、直接言うのがイヤだからって、友達に伝えてもらったり、フェイドアウトさせたりするのはやっぱり最低だと思う。彼が気持ちを引きずることのないように、直接会って、しっかりヒドい女を演じたほうが、彼のためにもいいんだよね。人間、誰でも『人から恨まれたくない』『イヤな女になりたくない』って思ってるけど、恋愛は、相手を傷つけたり、傷つけられたりするのがつきもの。そこから逃げるのは、とてもひきょうなことだと思うんだよね。

それから参考までに言うと、別れ話をする場所も意外と大切。たとえば自分や彼の部屋でするのはNG。ずるずるとエッチに持ち込まれて、気がつけばモトサヤに戻ってしまう可能性が高いから。また最近は、逆上して刃物を持ち出したりする男もいるから、喫茶店など、人目のある場所が安心ね。あと、すぐタクシーをつかまえられるところがベスト。別れを告げた男と、一緒に駅まで歩くとか、同じ電車に乗って帰るとか、車で送ってもらうなんてイヤでしょ？（笑）。喫茶店を出たら、「それじゃあ」と、すぐ別れられる場所を選ぶべし！

早く別れて、次をめざそう！

あなたのことがキライになったんじゃないけど
私にはもったいない人だと
いやぼくは君でかまわないよ
僕たちお似合いだと思うけどな
見合いを断るキマリ文句引用
私たちやっぱり合わないと思うの
あなたはこーだけど私はこーで
イラ…
お互い違う人間なんだからしかたないよ
ふたりでちゃんと話し合えば大丈夫さ
別れたいのはふたりの責任
もうガマンできないわよあなたってどうしてそうなの!?
もう別れたいのよ
わかった！わかった直すからぼくにもチャンスをくれよ
別れたいのは相手の責任
悪いけどもうあなたには愛を感じないの
この先あなたがどう変わろうが関係ないのごめんなさい
冷めた
あきた
ガーン
別れたいのは私の責任
NEXTー!!
どう言おうと　これが現実

実戦！　恋愛倶楽部
スペシャル対談

女王●一条ゆかり VS ●ホスト王 零士

今、モテたいのなら女は強くあれ!!

一条先生が対談相手に指名したのは、
恋愛の達人として名高い零士さん。
今どきの男論から恋愛テクまで飛び出して、
役に立つこと間違いなし。
ナンバーワンホスト対ナンバーワンマンガ家の
ガチンコ勝負、軍配は!?

男のマザコン度を知ることは、相手を探るうえで、とても大切

　歌舞伎町のホストクラブ『ニュー愛』で、一二年間ナンバーワンホストだった零士さん。一方、恋愛マンガを描いたら日本一の一条先生。ともに「恋愛にはリサーチが大切」と唱える恋愛の巨匠。酸いも甘いも経験してるふたりだけに、多くのデータに基づいた恋愛論が展開しそうな予感。
　対談場所は、零士さんがオーナーのお店『プレイヤーズクラブディオス』。お酒を飲みながらのリラックスムードで、愛煙家の一条先生は、早速タバコを口にくわえ、零士さんが火をつけてくれるのを待っていたのだが……。

一条　ねぇ、火をつけてくれないの？
零士　すみませんっ。タバコ吸わないんで、ライター持ってないんですよ。
一条　ウソ～!?　ライター持ってないホスト、初めて見た！（笑）。
零士　すみませーん、誰か貸してくれませんか？（……と火をつける）。最近は現役を退いてるんで、火ィつけるの、久しぶりなんですよ。手がカタカタ震えたりして（笑）。
一条　昔は持ってたんですか？
零士　いや、持ってなかったですね。「ちょっと貸して」って、わざと前に出ることで、お客さんに接近できるし、人から借りて、ギャグっぽく見せることで、毒も消すことができるんで。
一条　それもひとつのテクなのね!?　たし

かに「ライター持ってないの〜!?」ってゆーところで、つかみはOKよね。そんな百《ひゃく》戦錬磨《せんれんま》の零士さんですけど、個人的に、こんな女性には弱いな〜っていうのは、どんなタイプ?

零士　たとえば僕の話に対して、「へぇ、そうなんだ」って終わっちゃう子じゃなくて、「どうして?」って聞いてくれる子が好きなんですよね。「この話に興味があるのかな」って思って、ついいっぱいしゃべってしまう。そして、そのうち、どんなことでもその子にしゃべりたくなるんです。「彼女はオレのことをわかってくれてる」なんて思って。男なんて、みんなどっかマザコンですから。

一条　いや、〝どこか〟じゃなくて、ほと

零士●れいじ・1967年、静岡県生まれ。高級ホストクラブ『ニュー愛』のナンバーワンホストとして12年間君臨。1998年、『Club Dios』を新宿歌舞伎町にオープン、2001年、『Player's Club Dios』を六本木にオープン。著書に『ホスト王のその気にさせる心理戦術』『ホスト王の必ずYESと言わせる心理戦術』(ともに青春出版社)がある。

んどマザコンです（笑）。

零士　ですね。だから、「男はマザコンなのよね。しょうがないなぁ」ってところを踏まえたうえで、話を聞いてくれる女性にグラッとくるんですよ。男はみんなそうだと思いますよ。

一条　ホントに男はどうして、あんなにマザコンなんでしょうねぇ。

零士　幼い頃のトラウマなんでしょうね。もちろん悪いトラウマもあって、母親のせいで女性不信になる人もいるし。でも、好きな男性のマザコン度がどのくらいかを知ることは、女性にとって、すごく重要だと思いますよ。

一条　私も大切だと思います。

零士　ふたりきりになったら、ゴロニャンとなるタイプなのか？　高級なフレンチより、彼女の手作りの肉じゃがが食べたいタイプなのか。それでいろいろなことがわかるから。

一条　私はね、彼とは高級フレンチを食べに行きたい女なんです。でも、どうもマザコン度の高い男とつきあっちゃうらしくて、気がつくと、いつも家でカレーを作ってるんです！　それが悔しくて（笑）。

零士　カッコつけてるわけじゃないけど、僕は好きな女性とは、いつもよりめかしこんで、いい店に行きたいってタイプなんですよ。マザコン度は低いのかもしれない。
一条　エライッ！　ナイスッ！（拍手する一条先生）。でも、そういう人って極端《きょくたん》に少ないのよね。もうカレーを作るのはうんざりよ!!（笑）。

誰にでもヘコミはくる！弱るのをじっと待って、そこを狙うべし!!

一条　ところで、零士さんのところには、ホスト志望の若いお兄さんたちが、いっぱいやってくるわけですけど、最近の男の子はどうですか？
零士　うーん。打たれ弱いですねぇ。うまくいかないのが当たり前で、それをうまくいくように、いろいろ考えたり、工夫することが大切なのに、それができない。で、ひとつの失敗＝終わり、だと思っちゃう。
一条　失敗は財産なのにねぇ。そうすると、そういうヤワなお兄さんたちとつきあう若い女の子たちは、どうしたら彼らをゲットできるんでしょう？
零士　それはやっぱり彼らが弱った時に、癒《いや》すというか……。
一条　ねぎらう？
零士　いい言葉ですねぇ！　相手がヘコんだ時の〝ねぎらい〟は、ものすごい有効打になるんですよ。そして、重要なことは、人には必ずヘコむ時が来るということ。だからヘコミを待て！　と。で、そこを狙《ねら》うんです。

一条　相手がヘコんでる時にきく、殺し文句とかってあります？

零士　僕のおすすめは、「あなたって、そうじゃない？」ってセリフ。「オレ、こんなこと、やっちゃったんだよ～」「でも、あなたって、昔からそうでしょ？」って。否定しないで、あくまで肯定してあげる。相手が弱ってる時には、カウンターのようにききますよ。

一条　それ、いいですね。彼が失敗した時、「もう、あなたって、昔から不器用なんだから～」とかね。失敗したってことは、不器用なんだろうからこれは誰でも当てはまりそう！

目の前の大トロは、見つけた時にゲットしないと、次はない!?

一条　それに男は仕事で戦ってる分、女性に比べてヘコミやすいのよね。

零士　そう、三カ月に一回は、ヘコミが来ます。だからホステス業が成り立つんですよ（笑）。仕事でヘコんだおじさんたちが、打ちひしがれてホステスさんにグチを聞いてもらいに行くんです。で、お勘定の時に、お店のママに、「あんた、しっかりしなきゃダメよ」と怒られて、「よしっ!!　頑張ろう！」とか思うわけです（笑）。

一条　怒られてうれしかったりするのね。わかるわぁ。

相手がヘコんだ時の〝ねぎらい〟は、大変な有効打になるんです。（零士）

零士　ただ、普通の人は、お店のママのように待っていれば、お客がやってくるというわけじゃない。だから狙った男性が、どういう戦場で戦って、どういうサイクルでヘコむのか、リサーチが必要なんです。そしてその瞬間をとらえたら、逃さずゲットする！

回転寿司と同じです。「あの大トロ、後で食べよう」と思ってたら、次に回ってくる前に、ほかの人に食べられちゃいますよ（笑）。

一条　でも、ヘコミを狙うということは、彼が元気になったら、捨てられちゃったりしないんですか？

零士　だとしても、それは経験したほうがいいことだと思います。もし失敗しても、「ヘコんだ後、こうすれば男が逃げないんだ」ということを学習できれば、次のチャンスに生かせるし。特にモテない女性は、ヘコミを狙わなければ何も起きないわけですから。

一条　そりゃそうだ！　さすが痛いところを突きますねぇ（笑）。

零士　モテない女性は、男がなかなか食いつかないわけですから、いかに相手が食いつきやすいところで、勝負するかが大切なんです。で、そこから食い込んでいけばいいんです。

ある時はねぎらい、ある時は、彼の参謀本部長になれ！

一条　恋愛したいなら、自分から動かないと何も始まらないと、私も思うんです。でも、若い子の相談を聞いてると、それができない。傷つくのが怖くて、体当たりできないんです。

零士　それはダメです！　デッドボールを怖がってたら、ホームランだって打てません。それに恋愛って、失敗も楽しみのひとつ。クヨクヨしないで、いっちゃえばいいじゃん！

一条　ホント。王子様は、家には来てくれないんだから。

零士　それにね、今どきの若い男たちは、弱い女を求めてないんですよ。「私は弱いの」「私はできない」って言う女は、彼らにとってイケてないんです。そんな女を「かわいい」とも思わないし、「大丈夫?」って気遣うほど、寛容でもないんです。

一条　〝女の弱さ〟は、昔は美徳だったけど、今は違うものね。それをかわいいと思うのは、おじさん世代。弱い女はおじさんにいくしかない（笑）。

零士　まったくです。むしろ今どきの男が求めてるのは、男を立てつつも、いざって時に、彼の参謀本部長になれるような強い女性だと思うんですよ。ある時は、癒してくれるけど、ある時は、「行くべきですぞーっ、殿!」ってハッパをかけてくれる女性。これは、男の人がすごく喜ぶと思う。

一条　私がいつも言ってることと、同じだわ!　私はね、「手っとり早く彼をゲットしたいなら、男の癒しになれ、長期的な関係になりたいなら、男の戦力にもなれ」って言ってるの。

零士　そのとおりですね。前にホストの後輩で、すっごくキレイな男の子がいたんですけど、そいつの彼女が全然美人じゃない。「なんで?」って周囲のヤツらに聞いたら、「なんだかんだ言って、あの子からアドバイス受けてるみたいですよ」って。だから女性のみなさんも、「こんなこと言って大丈夫かな?」ってくらい厳しいことも、言っちゃったほうがいいんです。

一条　でも私の場合、いつも言いすぎちゃうんですよねぇ。そこまで言うか、ってくらい言っちゃって……。

零士　あ、一条さんは、返しがシャープすぎるんです。強くなりすぎたかもしれませんね（爆笑）。

一条　やっぱり!?　私が過去に男に言った最高にヒドいセリフは「あなたは自分で思ってるほど、頭もよくないし、モテないし、カッコよくもない」（笑）。

零士　でも、それだって、もっとやんわりと言ったら、今の若い男性は、食いついてくると思いますよ。

一条　つまり〝やんわり〟ってところが、大切なんですね。吐き捨てるように言っちゃダメなんですね!?

零士　ダメダメ！　一条先生は、その強さの毒を消してください（笑）。でも、普通の女の子は、もっと毒を持って、いいくらいだと思いますよ。

一条先生が零士さんに初めての恋愛相談。恋に溺れられないんです！

一条　ところで零士さんに相談したいことがあるんですよ。……うれしいわぁ、人に相談できるなんて！　いつも相談されるばっかりだから（笑）。

零士　なんでしょうか？

一条　ここ二〜三〇年来の悩みなんですけど……って、長いなぁ（笑）。実は恋愛に溺《おぼ》れられないんです。いつも自分で、〝一条ゆかり〟というもうひとりの自分をプロデュースしてしまうのね。それで恋愛していても、結局、冷静に自分を見てしまうんです。恋愛でグチャグチャになっちゃった……とかいう人、ホントうらやましい！

零士　一条さんみたいな女性、ほかにも知ってますけど、たいていモノをつくってる人ですね。デザイナー、建築家、作詞家。クリエイティブな人が多いんですよ。で、そういう人たちの共通点は、一日の中で、恋愛を必要とする場面が、普通の女性より少ないということ。ほかに満足させてくれるものがあるからなんでしょうけど、男に身を委《ゆだ》ねる時間が、普通より短い。だから、男のほうが寂しくなっちゃうんです。

一条　しかも必要とする時は、濃厚に必要とされるので、２倍疲れるわよねぇ。わかるわぁ（笑）。

零士　逆に一条さんみたいな人と、長続きするタイプの人は、マネージャータイプの人だと思うんですね。「今はこうするべきでは？」っていう的確なアドバイスをくれたり、ふたりの会話の中で、ふと仕事に結びつくようなヒントをくれるような人。

一条　そのとおり！　私が男に求める要素は三つあるんです。一つめはマネージャー体質の人、二つめは知らないことを教えてくれる先生体質の人、三つめは何かモノをつくってる人。大工さんみたいに、ゼロから何かを生み出してる人。三つのうち、少なくとも二つないと、絶対長続きしないの。

零士　それができる人は、間違いなく、ホストの業界のトップにも立てると思いますよ。そして同性にも好かれるから、リーダーにもなれる。でも、そんな人、めったにいないでしょう。

一条　オレくらい？（笑）。

零士　僕もねぇ、今の体力じゃ、自信ないなぁ（笑）。一条さんに呼び出されても、「ちょっと今、心身ともに疲れてて……」って断っちゃいそう。

一条　じゃ、零士先生、私になかなか男ができないのは当然ってこと!?

零士　一条さん、理屈は全部わかってるんだから、実践しましょうよ。

一条　わかってるんです。マンガには描けるんですけど、実践できないんです……って、ダメじゃん、私！（笑）。

わかってるし、マンガには描けるけど、実践できないんです！（笑）。（一条）

みるみる恋がうまくいく！

彼とふたりきりで温泉に行く時のお作法

その1 雰囲気がいいのは海より山の温泉！

食事は海のほうがおいしいけど、情緒的な雰囲気があるのは、やっぱり山の温泉。しかも部屋数が少なくて、自分の部屋で食事がとれて、朝寝坊できる宿がサイコーよね！

その2 温泉は貸切り＆露天が盛り上がる！

お風呂は最重要ポイント。ふたりだけで入れる温泉があることは不可欠として、最もおすすめなのは、混浴の露天風呂を時間で貸切りにしてくれるところ。公共の場所で愛しあう……、という状況が、より興奮度を高めてくれるはず！

その3 旅行代金は、全部彼に出させない！

たとえ彼が出したがってもダメ。だって旅行って、意外とお金がかかるもの。だから彼に全部出させたら、次の旅行が遠のく可能性が高くなる。できれば「旅費は私、あとは全部彼」など分担を決めて、3～4割は自分で負担すること。

その4 予定は余裕をもって立てるべし！

予定をいっぱいつめない。これが旅の成功の秘訣。アレもコレもと欲張ると、予定どおりにいかないだけで、ケンカの原因に。旅行に行く目的は「美術館に行くこと」ではなくて、「彼と一緒に過ごすこと」と心得て。

その5 旅先でのケンカは絶対避けること！

旅先でのケンカは、逃げ場がないし、あとあとトラウマに！「おまえと行くと、またアレだからな～」って。だから、普段よりいい女になって、多少のことは笑顔で耐える！「楽しかったね」「また行こうね」と笑顔で終えることが大必要だよ！

第4章 かわいい女への道

かわいい女の定義 1

男がかわいいと思うのは〝ちょっと手のかかる女〟。小さく困らせ、小さく頼るのがポイントなのだ

男が思わずホレる『かわいい女』になりたい！　そう思ってる人は多いはず。私もそのひとり（笑）。では、男性が思う『かわいい女』とは、どういう女なのか、だけど、まず知っておきたいのは、男性の思う『かわいい女』と女性が思う『かわいい女』は違う、ということなのだ。

女性は、ピュアで純心な人を『かわいい』と思うけど、男性が『かわいい』と思うのは、その逆。女性から見たら、あざとい女。いわゆるブリッ子タイプを男はかわいいと思うんだよね。よくいるでしょ。男性の前では、「え～っ、わからな～い」とか言って、上目遣いで甘えてる子。同性から見ると、「なんなの!?」って感じだけど、男はそもそも自分より、少し下のランクの女が好きなのだよ。だってそのほうが、自分が優位に立てるからね。

だから〝できないフリをする〟ということは、とても賢いやり方なのだ。ブリッ子は、ある意味、頭がいいわけ。こんな時にはこれが効果的、という、薬の出し方がハッキリわかってて、しかもそれが効いてるんだからまいりますね。

つまり男にかわいいと思われたいなら、〝ちょっと手のかかる女〟を演じてみる、ということが大切。頼られることで、男は優越感を感じることができるし、ちょっとの手間なら自分で解決できるので、プライドも傷つかない。「フタがあかないの〜。あけて♡」「地図って、よく読めないの〜」なんて、簡単なことを頼むのがいいと思うよ。「おまえ、ダメだな〜」「まったく、しょうがないなぁ〜」という言葉を男が吐けば、かなりいい感じ。相手は間違いなく、あなたを『かわいいヤツ』と思っております。ただし、大きく困らせてはイカンです。それだと彼は面倒くさいと思ってしまう。特に今どきの若い男はキャパが狭いので、あくまで小さく困らせるのが正解ね。

残念ながら、今の日本社会では、「いや〜ん。できないの〜」と言う〝ドジでのろまなカメ〟がモテるのだ！　そんなタイプが好きな日本人男性が未熟ってことだが、それが現実。そのことをわかって行動しないと、損するよ。

ただし、どこまでバカで許されるのか、相手のリサーチも大切。「お米とげないの〜」と言う女の子を『かわいい』と思う男もいれば、『アホか！』と思う男もいるから（笑）。また、彼があなたをただの恋愛相手として見ているか、結婚相手として見てるのか、それによっても、『かわいい』の基準は変わってくるので注意しよう。

かわいい女の定義2

『かわいい』だけではダメ。『デキる女』をプラスしないと、『本当にかわいい女』にはなれません！

ところで、今言った『かわいい女』は、ムカつくが、たしかにモテると思うよ。男性からチヤホヤされるはず。でも、私が思うに、彼女はモテてもいっときだけ。男の人を本当の意味で、魅了し続けたいなら、『かわいいだけの女』ではダメなんだよ。『かわいい』プラス『デキる女』にならないと、『本当にかわいい女』にはなれないのだ。大変ですね。

では、デキる女とは、どんな女なのか!?　それは男に恥をかかせない女のこと。たとえば、デートで彼が選んだレストランがヘンな店だった時、「なんなの、この店は!?」なんて怒ったりしない。「たまには、こういう店もおもしろいね」って楽しめる人。マイナスをプラスにできる女。それが究極のデキる女だ！　かわいいだけの女には、その力はないのよね。

しかも、相手にすごいと思わせず、コンプレックスを与えず、よい方向に持っていける――そこが肝心なんだな。『中途半端にデキる女』は、「私ってすごいでしょ？」

「私はあなたよりデキるのよ」と、男とつい勝負してしまう。これでは相手に恥をかかせてしまうだけ。これでは愛は生まれませぬ。本当にかわいくて、デキる女は、好きな男とは絶対勝負をしない！　初めから、負けてあげられるキャパがある。だからスゴイ。

　とにかく、デキる女になるには判断力が必要なんだな。彼が何を望んでるか、すぐに理解して、先回りするのだ。そして、たまには『かわいいだけの女』を演じ、わざとスキを見せることで、あなたは究極の『かわいい女』になれるはず！　さらに具体的なノウハウを知りたい人は、次からのケーススタディで、完璧にマスターしよう!!

集合図で学ぶ"かわいい女"
デキる女
かわいい女
中途半端にデキる女
かわいいだけの女
本当にかわいい女！

CASE 1

彼がメニューの漢字を間違えて読んだ!

バカにしたり、笑い者にするのは禁物。彼の面目は保ってあげて!

デートで、中華を食べに行ったら、彼が『棒棒鶏《バンバンジー》』を『ボーボードリ』と読んだ!!(笑)。これって、想像以上に、本人は恥ずかしいもの。

だから「そんなことも知らないの?」とバカにしたり、笑い者にするのは禁物。いちばんかわいくないリアクションだぞ。

無言で流すという手もあるけど、その後の彼の人生のためには、正しい読み方を教えてあげるべきね(笑)。

問題は、その教え方だが、たとえば「それ、バンバンジーだよ」と、こっそり教えるのは、彼のプライドを尊重しているようで逆効果。〝こっそり〟ということ自体、『恥ずかしい間違いをした』っていう感じが強くなってしまうから。

やっぱりかわいい女としては、明るくいきたい。「私も昔、間違えてたけど、それでバンバンジーって読むんだって」なんて、ちょっと笑いながら、「みんな、同じ間違いをするんだね」なんてフォローできたら、めちゃくちゃ感じがいい。

で、すかさず自分のバカ話をするの。「私なんて、月極《つきぎめ》駐車場を〝げっきょく〟だと思ってたの」なんて調子。

彼の面目《めんぼく》をいかに保つか。それがかわいい女に託された使命です。ああめんどくさ。

あと、この10番のボーボードリね

CASE 2

彼からイヴのデートのキャンセルの電話が!

彼を責めるのはタブー。だけど、「会いたい」気持ちは伝えよう

せっかく楽しみにしてたのに、彼から、「仕事が入っちゃって……」とキャンセルの電話が!

まず、絶対言ってはいけないのが、「私と仕事とどっちが大事なの!?」と彼を責める言葉。気持ちはわかるけど、彼だって被害者なんだから、責めるのはお門違《かどちが》いだよ。

ゴメン。
イヴの日、仕事が入っちゃって、
デートできないんだ

「ほかの人とデートしちゃうから」なんてイヤミもタブー。たとえ冗談でも彼は気分を害するはず。

かといって、「仕事が終わるまで待ってるから」というのも怖い!(笑)。いつ終わるかわからないのに待たれるのは彼にはすごいプレッシャー。

ただ、「待っててもいい?」という確認は、取ってもいいと思うんだ。「11時には終わるから、そしたら電話する」ってことになるかもしれないし。

でも、いちばんいいのは、彼に負担をかけないよう気遣いながら、自分の要望はちゃんと伝えること。たとえば「大丈夫。24日は友達と過ごすから」と安心させつつ、「その代わり25日に会おうよ」と、〝会いたい〟気持ちを伝えるの。

相手を大きく困らせると、〝ワガママ〟になってしまうけれど、小さく困らせつつ、自分の要求を確実に通すのが、デキるかわいい女。だから幸せをつかめるのよね!

CASE 3

デート中、彼があなたの名前を呼び間違えた!

あくまで冷静に。でも、その名の持ち主が誰なのか、ハッキリさせよ

デート中、あなたの名前「ユカリ」を「ヒロミ」と呼び間違えた彼！

これは腹が立つぞ。でも、極端《きょくたん》にシリアスになったり、ヒステリックになるのはかわいくありません。あくまで冷静に、しかし気になることは徹底的にリサーチする！　これ、基本ですぞ。

特に名前の女が誰かわからない場合は、それを探る必要があるはず。だから聞き流すなんて、もってのほかだし、「今、名前、間違えなかった?」なんて、さりげなく指摘する程度でも甘いっ。

結局、誰なのかわからずに、『あれは誰だったんだろう!?』と、後でグルグルと悩むハメになっちゃう。不安を残さないためには、「ヒロミって誰?」と聞くことが必要なんだよね。

でも、極端に問いつめると、逆ギレしちゃうこともあるので、あくまでやんわりと。「もしかして元カノだったりして?」なんて感じで。

それで、もし彼の反応が怪しくても、うかつにつっつくとヤブヘビになってしまうので、あまり突っ込まない。

「ふ〜ん。今度、ヒロミちゃんに会わせてね」とクギを刺しておく程度にしよう（笑）。

もちろん、その後ひそかにヒロミの情報を収集することも忘れずにね！

好きだよヒロミ
私はユカリ

CASE 4

彼とエッチしたら、あっという間に終了！

「あんまり気にしてないよ」という気持ちを上手に伝えることが大切

彼とエッチしたら、いつもと違って、ソッコー終了！「早くてゴメン」と情けなさそうな彼。

こんな時、「も〜っ、しっかりしてよ！」なんていうのは言語道断。かわいくないですね。

怒ってどうにかなるもんでもないし。特に、エッチに自信のない彼の場合、死者にムチ打つことになってしまう（笑）。

無言、っていうのも感じ悪い。彼は謝ってるのに、その誠意に対して無反応なんて失礼だよ。

ありがちなのは、「疲れてたんだよ、きっと」と励ますパターン。悪くないが、彼はこの日に合わせて絶好調に仕上げてきたかも（笑）。「次は頑張らなきゃ、ダ・メ・だ・ぞっ」なんて、プレッシャーをかけるのもやめよう。

普段は元気な彼になら、「もう一回、してくれなきゃ、許さないから♡」なんていうのも、意外と許されるかもね。

「もう勘弁してくれよ〜。今度な〜」みたいな感じで、彼も笑いに逃げられるし。でも、初めてエッチしたようなカップルはNGよ。

要は『あんまり気にしてないよ』ということが伝わればいいんだけど、つきあいの長さや、普段のエッチの内容によっても対応は変わってくるので、臨機応変《りんきおうへん》に！

CASE 5

街で彼が知らない女の子と歩いてるのを発見！

彼を追いつめすぎないこと。でも、〝彼女〟という自分の権利は主張せよ

街を歩いてたら、彼が知らない女の子と歩いてるのを見てしまった！

大人の女性なら、気づかないフリをするのが正解か？　で、後日、「この間、一緒に歩いてたの誰？」とか聞くんだろうなぁ。

でも、彼女なのに気づかないフリって不自然。私は納得できないぞ。

こっそりふたりの後をつけたりするのもやめよう！　とても卑屈《ひくつ》だし、むなしくなるだけ。

かといって、「あれ？　何やってるの？」「誰、その人!?」なんて、声をかけるのは、かなりの勇気がいるよね。その場で修羅場《しゅらば》になってもいい覚悟があるなら、どうぞって感じだけど（笑）。

そこで、私のおすすめは、近くから彼のケータイに電話して、「今、何してるの？」と聞く！

これはいい!!

で、彼が、「今、仕事中で忙しいんだ」なんてウソをついたら、浮気だって、すぐわかるし。

ただし、かわいい女になりたいなら、たとえ彼の浮気だとわかっても、彼を追いつめないこと。あまり責めると、浮気相手に乗り換えてしまう可能性が高いから。

とはいえ、こっちは悪くないんだから、ヘンに卑屈になるのも禁物。正々堂々、自分の権利は主張する。これが大事！

CASE 6

デートの時、彼に会社のグチをこぼされた！

まずは、彼の立場を理解し、甘えさせ、最後は励ましで終わろう

デートで飲んでたら、「あの上司、最低！あんな会社、やめてやる!!」とグチを連発する彼。

思わず、「それ、ヒドいね。やめちゃいなよ」なんて言ってしまいそうだけど、これはタブー。

彼の怒りの気持ちを一緒になって盛り上げたらダメなのだよ。ネガティブな気持ちを減らすように仕向けられないと、彼の心は晴れないのだ。

「あの上司、最低だよ！
あんな会社、
やめてやる〜〜っ!!」

また、「やめてどうするの!? 冷静になりなよ」と彼をたしなめる発言も最悪。だってグチを言う人は、それでストレス解消してんだからね。彼は心のお掃除をしてるの。だから冷静になんか、なりたくないの（笑）。

では、かわいい女はどうするべきか!?

まず、「マジ!? 大変だねぇ」と話をちゃんと聞いてあげて、彼の立場を理解してあげることが大切なのだ。

そして「でも、そんな中でも、よくやってるよ。頑張れ！」とヨイショしつつ、励まして終わる。

これはバーのママなんかの会話と同じ。グチってたおじさんたちも、これですっかり気分がよくなっちゃうのよね（笑）。

とにかく彼と同じ土俵に立っちゃダメ。しょせん男は弱い生き物なのだと諦《あきら》めて、お母さんになったつもりで、甘えさせてあげよう！　でも、やりすぎには注意ね。

CASE 7

彼と初ドライブ中、オナラをしてしまった！

かわいい女の王道は、明るく自己申告して、恥ずかしがること！

つきあい始めたばかりの彼とドライブ中、オナラをしてしまったあなた。車の中はクッサイ臭いが充満して、あきらかに彼も気づいてる様子!!

たいていの場合、恥ずかしくて、つい無言で過ごしちゃったりして。でも、彼も気づいてるのに、なかったフリをするのはだいぶ無理があるな。

「なんか臭くな〜い？」と窓を開けるのも悪くないけど、彼のせいにしてるみたいで、ちょっと感じ悪いかも。

「ごめん。お腹痛くて〜」と、わざと具合悪そうにする手もあるが、私はしません。おいしいものを食べるチャンスを逃すから（笑）。

やっぱりこの場合、正しく自己申告して、恥ずかしがるというのが、かわいい女の王道なのだ！「ゴメン、私が犯人です。恥ずかしい〜っ」と真っ赤になる!! これがいちばん。

または「すみませんっ。私です！ オナラしました！ 窓、開けます！」って、ちょっと体育会系のノリで反省するというのもさわやかです。

ちなみに、彼がオナラをしちゃった場合は、ちょっとだけからかって、そのあとで、「でも、大丈夫？ お腹痛いの？」と心配してあげるのがポイント。とにかくどっちの場合も明るく笑って乗りきろう！

CASE 8

就職活動がうまくいかず、彼がイライラしてる！

卑屈な彼を励ましても逆効果。『心配してる』気持ちを伝えよう

必死で就職活動してるのに、内定の出ない彼。しかも自分だけ先に内定が出てしまった場合、どう対応するべきなのか⁉

彼を励ましてあげたいと思う人は多いはず。「もう一年やればいいじゃん」「大丈夫。必ずどっか決まるよ」って。

自分が内定してないなら、これもアリ。でも、あなたが決まってる場合、彼にはイヤミに聞こえてしまうでしょう。

「もっと頑張らなくちゃダメじゃん」とハッパをかけるのもNG。彼はすでに頑張ってるんだから。プライドを傷つけるだけ。

本当のこと言うと、こういう状況では、何を言っても結局ダメなのだ。彼はとにかくひがみっぽくなってるので、何を言われても腹が立つし、『おまえはいいよな』ってことになっちゃう。

こんな時には、ヘタに慰《なぐさ》めたりしないで、自分の誠意を見せるのがいちばん。「力になってあげられなくてゴメンね」と気持ちを伝えるの。『心配してるのよ』っていう気持ちがちゃんと伝わるし、こう言われて、怒る男はいないはず。

いいよな、お前は。
もう内定出てるし…
どーせオレなんか…

そして、「気晴らしに、どっか行かない？」と話題を変える。

パーッと遊んで、心配ごとを少しでも忘れさせてあげることが、彼にとって、何よりの薬となるはずよ。

CASE 9

彼に「オレの髪、ヤバくない？」と聞かれたら!?

〝それほどでもない〟感が大切。少しの愛と、少しのウソをこめよ

「なんかオレ、最近、ちょっと薄くなってない？」と、突然、彼に言われたら!? そして実際、ちょっと後退ぎみだったら!?

たぶん彼がほしい答えは、「そお？ 気がつかなかった」であろう。でも結局はウソじゃん（笑）。

本人も「マズいかな？」と思ってるのに、気づかないフリをするのはわざとらしい気がするのだ。

なんかオレ、最近、ちょっと薄くなってきてない？

かといって、「けっこうヤバいかも」なんて言うのはストレートすぎて、彼のプライドはズタズタ。

「平気、平気！ 今はいいカツラもあるし」なんて言うのも、励ましてるようでいて、ハゲをハッキリ肯定してるのがよろしくない。

彼はハゲを気にしてる。でも、「それほどでもない」と言われたい。ここで必要なのは、その両方をカバーする言葉なのだ。

そこで少しの愛と、少しのウソをこめてのおすすめが「え〜、そうかな〜？ そんなに気になるなら、育毛剤使ってみれば？」という言葉。『気にする必要もないけど、言われてみれば、そんな気がしないでもないので、今のうちに手入れすれば？』っていう感じ。あくまで〝まだ早いけど〟というニュアンスを入れて。これで彼も気兼ねなく、ケアできるし、プライドが傷つくこともない！ ふぅ……男ってナイーブ。

CASE 10

彼の車に乗ったら、あややのCDが全開でかかってた！

あややを好きな彼の気持ちを理解することは大切。笑って我慢！

大好きな彼との初デート！　ところが車に乗ると、あややのCDが全開でかかってた!!

微妙なところだよね。あややが好きな男。ホンモノのオタクなのか、ウケ狙いなのか。

ノリのいい彼なら「マジ!?　ロリコン!?」と突っ込みを入れるのもアリだけど、マジなオタクだったらマズいし（笑）。

「私もカラオケで歌うよ」なんて言おうものなら、「キミもファン!?　あややの新曲聴いた!?」なんて、大変なことになったりしてさ。

どっちにしても、やってはいけないのが、「あややが好きなんて信じられな〜い」「私は嫌い」と全否定すること。趣味をけなされたら、誰でもムカつくもの。

また、あややの話題には何も触れず、「ほかのCDないの？」と、さりげなくチェンジしようとするのもよろしくないです。これは相手に対して、かなり失礼だぞ。

ということで、無難だけど、「はやってるよね〜」と否定も肯定もせず、「あややのどこが好きなの？」と素朴に聞くのがいちばん！

たとえ自分は興味なくても、相手の趣味や気持ちを理解することは大切なこと。たいした迷惑でもないし、笑って我慢してあげよう。

この曲は、あ、あややや！
ひょっとして…もしかして…

CASE 11

彼の部屋で、元カノとの写真を発見！

ちょっとスネて、サッと終わらせる。それがかわいい女のやり方なのだ

彼の部屋で、元カノとのラブラブツーショット写真を見つけた！

　思わず、「なんか楽しそうじゃない？」とチクリと言いたいが、これは抑えるのだ。あなただって、元カレとのラブラブ写真、持ってるでしょうが!?（笑）。

「なんで捨てないの？」という言葉もかわいくないぞ。それは彼にとって、大切な青春の記録。捨てる理由はないのだ。

　反対に「元カノって、美人だったんだね」とほめてあげるのはおすすめね。彼だってうれしいし、彼が美人とつきあってたほうが、あなただって悪い気はしないでしょ。

　そして、ほめた後、「なんか私とは、だいぶ違うタイプみたい」なんて不安そうにしたりして。ちょっとだけなら、ヤキモチもかわいいものよ。

「なんだよ。スネるなよ。おまえのほうがずっとかわいいよ」なんて、ほ〜ら、もうラブラブに！（笑）。

　ただし、ポイントは、しつこくやらないこと！

「これっていつ？」「どこで？」……って、質問したい気持ちはわかるけど、これをやると、男は調子に乗って、どんどんしゃべるので、だんだん不愉快になってくるだけ。

　ちょっとスネて、サッと終わらせる。それが、かわいい女のやり方だぞ。

第5章
恋を長続きさせる掟

恋の掟 23

すごい確率で、愛は貧しさに負ける。人はお金がないと心まですさんでしまうもの

甘い同棲生活。誰でも憧れますよねぇ。でも、同棲してしまったがために、別れるハメになってしまったカップルも少なくないはず。特に、金銭問題は大きな原因のひとつなのだ。

ある女の子が嘆《なげ》いておりました。同棲している彼が失職して、家賃などは、全部彼女持ち。彼は「仕事が見つからない」と、毎日ゲームばかりしてるって。

私だったら、すぐに別れると思う。だって仕事なんて、選ばなければ絶対見つかるのに「こんなのカッコ悪くてできない」とか言ってるわけだろうが。そして、その結果、彼女に生活費まで全部払わせている。女に食わせてもらってることに屈辱も感じないで、むしろ開き直ってる。完全にヒモ化しておるな。

彼女にとっては、それでも大切な人なんだろうけど、こんな男のどこが大切なんだ!?と言いたい。それに彼女は、お金がなくなった途端、彼を捨てるなんて、『私って冷たい女だわ』と気が引けてるんだろうけど、それは違う！　お金がなくなったから、捨てるんじゃない。お金がなくなったことで、彼自身が変わってしまったのだ。働かなくなった。彼女にお金を払わせて平気になった。彼をイヤになって、当たり前だって！

でも、ピンチに陥《おちい》って初めて、彼がダメな男だったということがわかったんだから、同棲もムダじゃなかったと思うよ。仕事がちゃんとできない人間は、たいてい人生もちゃんとできないことが多いから、もし結婚したとしても、あとあと、苦労するに決まってるね。幸い同棲は、結婚と違ってお試し期間なんだから、やめたい時に、やめればいいのだ。

もちろん彼を大切に思ってるなら、「こんな生活はよくない！」と気づかせる努力も必要だと思う。たとえば「今のあなたは好きじゃない」とハッキリ言ってみる。そして「三カ月だけ待つから、その間に仕事を見つけてほしい」と期間限定で待ってみるの。もし彼も、この状況を「ヤバいな」と感じてるのなら、真剣に仕事探しをするはずよ。

逆に別れを切りだした時、「あ〜、そーかよ。金がなくなった途端、捨てるのかよ」みたいなイヤミを言う男だったら、本当に別れて正解。相手が自分にホレてるのにつけ込んで、自分のだらしなさを正当化するようなズルくて、最低の男だってことなんだから。「それでも彼のために頑張りたいの！」という人がいたら、どうぞどうぞ好きなだけ尽くしてください。世の中、こういうダメ男を支えるのが趣味な人もいるからね（笑）。

恋愛において、お金の問題は大きい。お金は、人間性がよく映し出されるものだから

「愛があれば、お金なんて……」とか、愛とお金は、とかく違う次元のものとして語られがちだけど、恋愛において、お金の問題って、実はとても大きいと思う。というのも、お金はその人の人間性が、とてもよく映し出されるものだからなんだよね。

よく、「つきあうなら価値観の同じ人がいい」って言うよね。それは何も、同じ映画を観て笑えるとか、そういうことだけじゃなくて、お金の使い方でも判断できると思うのだよ。たとえば私だったら、ごはんを食べた時、きっちり割り勘するような彼はイヤだし、逆にお給料を全部飲み代に使っちゃう彼氏なんか論外だな。

特に同棲カップルの場合、先の例のように、お金はシビアに絡むでしょう！　そして貧乏なカップルほど、家賃とかを浮かすために、一緒に住みがちだが（笑）、お金に余裕がなかったら、同棲なんて危険なことをしては、死期を早めるだけよ。

だってケンカした時、もし六畳一間みたいな部屋だったら、逃げ場もないわけだ。「愛があれば貧乏も乗りきれる」と言いたいところ。でも、すごい確率で、愛は貧しさに負ける。負けるのだよ、ホントに！　人間は、お金がないと、心まですさんでしまうことが多いんだよね。それに一緒に住んでると、お金の貸し借りもルーズになりがち。お互いに、〝共有の財産〟という意識が強くなるので、つい『私のお金は彼のもの』と思って、安易に貸してしまったりして。でも、そういうことの積み重ねが、大きな不快感を生みやすいんだよね。そして、お金で生まれた疑《うたぐ》りは、とても根深いものがある。だからカップル間のお金の貸し借りは、できる限り、しないほうがよいのだ。

これは、いつも彼におごられてばかりの女性にも言えること。私は、おごってもらうのは、すごく気持ちいいから、好きです！　しかし、いつもおごられっぱなしというのは、よくないと思う。どちらかだけが、負担を強いられてる状況は、やはり長くは続かないから。相手の財政を見ながら、おごり、おごられっていうのが、やっぱり感じがいいと思うのだよね。

なかには、「おごってもらう代わりに、エッチさせてあげるんだからいいの」と思っておる女もいるだろうが、それはダメ。当たり前のことだけど、お金はちゃんとお金で返そう！

お金は人を助けるけどダメにもする

恋の掟 24

マンネリとは、いわば平和ボケ状態。だから問題が起きると、恋愛熱は途端にぶり返すものなんだよね

今の時代、恋愛の最大の敵は、貧富の差でも、家柄の違いでもない。

それは〝退屈〟。つまり〝マンネリ〟なのだ。そしてマンネリは、愛の深さとは関係なく、誰にでもやってくる。一年以上、つきあったことのある人なら、誰でも経験あると思うよ。

デートはたいてい買物かドライブか、家でまったりするか。そして最後は、家やホテルでエッチというパターン。最初の頃のドキドキは、すっかりなくなっている……。でも、飽きて当然なんだよね。だって二年もつきあってて、ドキドキするほうがヘンよ。ヘン！

問題は、マンネリを解消するのは、とても難しいということなんだよね。新鮮さをだそうとして、髪型を変えてみたところで、髪を切ったことすら、彼は気がつかなかったりするし、会う回数を減らしてみたら、「会わなくても大丈夫だった」なんて再認識しちゃったりして。「もっと彼のいいところを探しましょう」と言っても、二年もつきあえば、おいしいところは出きってる。もう出がらしね（笑）。万が一、あったとしても、彼は彼女の前では出さないと思う。出すとしたら、それは、ほかの女の前ね（笑）。

こんなカップルにとって、最も刺激になるのは、実はストレスやトラブルなのだ。たとえば、もし今、戦時中で、「彼が来月、戦地に行く！」なんていうことになったら、すんごい盛り上がるし、もう大変。マンネリは、言ってみれば平和ボケ状態。だから問題が起きると、恋愛熱は、途端にぶり返すものなんだよね。

「彼の浮気が発覚！」なんていう事件も効果的かもしれないなぁ（笑）。「ああ、彼は私にとって、大切な人だった」と再確認できたりして。でも、トラブルはドキドキ度は高いけど、ふたりがダメになる可能性も高い。あえて問題を起こすのはやめておこう。

そうなると、マンネリを打破するには、無難な方法しかないわけだ。ふたりででき る楽しみを見つけるとか。一緒に海外旅行に行ったり、サーフィンしたり。なんでもいいんだけど、この場合、体を動かすことが重要なポイントになってくるのだよ。

というのは、マンネリはエネルギーが不足してるのではなくて、エネルギーがよどんでる状態なんだよね。だからエネルギーを放出しないとダメなのだ。そうすれば新しいエネルギーを補おうとして、ふたりの間に風を吹かせることができるから。

今だったら、一緒にＪリーグを応援するなんていうのがおすすめ。好きなチームを通して、会話が広がるし、「三年後のワールドカップは、一緒に南アフリカに行こう！」を合言葉に頑張ってみるもよし。でも、サッカーだけじゃ、やっぱり飽きちゃうだろうなぁ。三年後まで、効果が持つかどうかは保証できないけどね（笑）。

恋が終わっても、愛が終わったわけじゃない。相手とは信頼や安定感で結ばれているはず

いろいろ悲しいことを言ったけど、マンネリ化したら、恋愛はもう終わりか、というと、それは人にもよるんだな。

「もっとドキドキしたい！」「ラブラブでなきゃイヤ！」と言う人は、マンネリ化したら、別れるしか方法はないかもしれない。でも、恋がなくなったといっても、もっとキャパの広い愛情は残っているのだよ。それは信頼関係や友情関係といったもので、相手が大切な人であることには変わりないのだ。安心感もあるし、なんでも話せるパ

ートナーでもある。それはそれで、つきあってる意味はあると思うんだよね。

なかには、ずっと相手に飽きない人もいるよね。私の友達にも、結婚して、何年もたつのに、「彼ってホントにステキなの!!」って目を輝かせる人がいる！　でも、あれは努力のたまものというより、その人のもともとの性格なのでは、と思ってる。

つまりマンネリっていうのは、幸せであることにマヒしている状態でしょう。だから反対に飽きない人というのは、いつも「こんなに平和で、なんて幸せなんだろう！」って感じることができる人なんだよね。〝幸せ上手〟っていうのかな。恋愛だけじゃなくて、仕事でも、日々の生活でも、ちょっとしたことに幸せを見出して、前向きに考えられる人なのだよ、スゴイ。

結局、幸せっていうのは本人次第。〝マンネリする幸せ〟を実感できる人ほど、幸せになれるのかもしれない。

破局と体のリズムの関係

恋の掟 25

人間は心と体がセット。セックスは、その両方を満たしてくれるから、特別な幸福感が得られるのだ

セックスは、恋愛において、とても大切なものだと、私は考えております。なぜならばセックスは、友達関係や親子関係にはない唯一《ゆいいつ》の行為だから。異性と結びつくためだけにある特別な手段なんだよね。それに人間は心と体でできていて、このふたつはいつもセット。だから片方が満たされているだけでは、どこかもの足りなさ、寂しさを感じてしまうのだよ。

たとえば、セックスすると体がユルむよね。で、体がユルむことによって、気持ちもユルんで、究極のリラックスが得られる。恋愛には、そんな肉体と精神の結びつきがあるから、特別な幸福感が得られるんだと思うんだよね。

ちなみに私にとってのセックスは分解掃除みたいなもんだな。精神的にも肉体的にもオーバーホールをしてもらってる感じ。

心身一体なわけだから、セックスには愛が必要だともちろん思う。で、愛があれば、気分の盛り上がりが全然違うし、お互いに相手を思いやる気持ちも違ってくるから、自然と感じ方も違ってくる。ただし、いくら自分だけ気持ちが入っていても、相手の気持ちが入ってなければ台なし。愛が必要だとはいえ、相手のいることだから、いいセックスをするのは、なかなか難しいものである、いやまったく。

最近は、セックスレスのカップルも増えてるらしいけれど、その分、相手との結びつきも薄くなってるような気がするな。そもそも恋人とつきあうのだって、『彼が好き！』というより、『いないとカッコ悪いから』なんて形から入るパターンが多いじゃない。体だけじゃなくて、心の結びつきも薄いんだろうね。

肉体的にも精神的にも、強く結びついた幸福感を知らない彼らは、なんだかかわいそうな気もするな。本人たちも、きっと満たされない虚無感《きょむかん》を抱えているのでは。だから今どきの人は、物欲を埋めることで、自分を満たそうとするのかもしれないな。

いずれにしてもセックスは、自分の〝性〟を最も意識する瞬間。そんな場面で、『女でよかった』と心から思えたら、それは間違いなく、いいセックスなんだと思うのだ。

お互いを気遣う気持ちがあれば、セックスの問題は回避できるはず

とはいえ、どんなに好きな相手とでも、一年もたてば、絶対エッチはマンネリ化するよね。新鮮な気持ちが持てないのは、みんな同じ。自然の成り行きだな。つきあった頃のような気持ちで、再びセックスするのは、ほぼ不可能なのでは。

「エッチにメリハリをつければ盛り上がります！」とかアドバイスしたいところだけど、どうやったってダメよ。だって彼の裸を見て、今さら「キャッ♡」なんて思わないでしょうが。

「コスプレにチャレンジしましょう」って言ったって、彼の上を裸でまたげるような関係でやってもシラケるだけだしさ（笑）。どうしても刺激がほしいなら、冗談でなく、男を替えるしかないと思うんだよね。

彼のことは好きだし、そんなことはできません――と言う人には、こんな作戦がおすすめ。たとえば相手に危機感を持たせてみる。会わない期間をつくってみるとか、女の子の友達と旅行に行ったりして、『あれ？　どうしたんだろう』と思わせるのだ。男の影をちらつかせるのもいい手かも。友達に頼んで、「○○ちゃん、最近、すっ

かりキレイになっちゃって、この前もモテモテだったよ」なんて言ってもらうんだな。途端に彼は、『取られてたまるか！』なんて、ベッドでも燃えたりして（笑）。

最後の手段としては、直接、彼に不満をぶつけてみる！　勇気がいるけど、セックスで満足してないことを打ち明けて、彼の反応を見てみるのはどうよ。「おまえ、オレがこんなに疲れてるのに、そんなことばっかり考えてたのか!?」なんて怒ったり、スキモノ扱いする男、けっこういると思うんだけど、こういう男とは別れたほうがいいと思う。

というのも、これはセックスだけの問題じゃなくって、彼の本質的な部分に関わってくるからなのだ。つまりこれは、『彼はあなたの不満をどれだけ真剣に受け止めてくれる人間か』、という問題なんだな。自分の非を指摘されたからといって、怒りだすような男はサイアクではないか。『面倒くさいな』って感じで、黙って引いていく男もいると思うけど、これは困難を直視しない性格。きっと何ごとにおいても、そういうタイプ。どちらにしても、この先、ずっとつきあっていく価値のある男とは思えない。

もし、相手に自分の非を省《かえり》みるだけの余裕と、彼女の不満をどうにか解消したいという優しさがあれば、それは回避できる問題だと思う。月並みだけど、結局は大切なのは思いやり。お互いを気遣う気持ちがなければ、愛なんて長続きしないってことなんだな。

セックスは心と体のオーバーホール

みるみる恋がうまくいく！

恋の
お作法

色気のある女に見せるためのお作法

その1 セクシーは一部のスキにある！

大部分はキッチリしてるけど、一部スキがある！　それが男心を最もそそる服。そういう意味では和服がいちばんエッチです。全部隠れてるけど裾《すそ》は割れてるし、袖《そで》はパックリあいてるし、胸もとからも手が入る(笑)。露出をただ多くするより、キチッとした中にスキがある。そんなギャップのある服装を心がけよう。

その2 セクシーは小さな違和感の中にある！

〝違和感〟というのは、〝自分とは違う〟ということ。つまり男性とは異なる部分を強調することで、男はハッとするわけね。胸、お尻はもちろん、細い首、美しい手、キュッと締まったウエスト。自分と違えば違うほど、男性はそこに引きつけられるの。ナイスバディを維持する努力はやっぱり必要！

その3 セクシーはひねる動作にある！

たとえば物を拾う時、まっすぐしゃがんで拾うのは、全然色っぽくないけど、ちょっと斜め45度くらいに、上半身をひねって拾うとセクシーになる！　同様に、どんな動作、ポーズもひねりを加えることでセクシーになるの！　その証拠にヌード写真集はひねりばかり（笑)。

その4 セクシーは曖昧の中にある！

早口でセクシーな人っていないでしょ？　ペラペラしゃべる人もダメ。反対に「そうね」とうなずきながらも、何かもの言いたげな目をしてる人はとてもセクシー。曖昧《あいまい》なほど、相手にいろいろなことを妄想《もうそう》させるのよね。彼と目が合ったら、そらしつつ、ときおり目線をからませる。そんなミステリアスを演出してみて。

旅館の着物はけっこうエロイ

恋の掟 26

ルール設定が幸せを握るカギ。その設定が甘いと恋愛はドロドロになってしまう

家族にしろ、友達にしろ、人とつきあうにはルールが必要なのだ。特に男女間では、このルール設定が幸せを握るカギ。相手が何をしたら別れるべきか、自分がどうなったら別れるべきか。その設定が甘いと、恋愛関係はドロドロになってしまうのだよ。

わかりやすいのが不倫の場合。『彼の家の周りをウロウロするようになったらレッドカード』『子どもがほしいと思うようになったら別れよう』などと、ちゃんと決めておかないと、大変なことになってしまうんだから。ところがたいていの人はその線引きが甘い！　たとえば彼が浮気しても、『好きだから今回は目をつぶろう』とか、『今度やったら別れよう』とか、境界線を勝手に動かしてしまうのだよ。

そのため、『浮気は絶対許せない！』と思ってても、『別れたくないから、彼が謝るなら、許してあげよう』なんて、ルールが変わっちゃう。もちろん彼を失いたくないなら、そうするしかないんだけど、浮気なんて一回やったら、絶対またやる。クセみたいなもんだから。そしてまたあなたが許して……の繰り返し。どんどんルールはユルくなってしまう。その結果、どうなるか。よっぽど太っ腹な女でない限り、たいていドロドロになってしまい、粘れば粘るほど、意地とプライドと執着心《しゅうちゃくしん》で、どんどん醜《みにく》い女になってしまう。だったら非情かもしれないけど、あからさまにユルい男なら一回の浮気でも彼を許さず、スパッと別れてしまったほうがまだ賢明。でもまあ、さすがに一回ですべて終わりってのも後悔するかもしれないし、私だったら一回目はイヤイヤ我慢して、二回やられたら終わりだな。

キャパ以上の恋は不幸のもと。大切なのは、己を知ること

つまり、人は自分が抱えきれないようなことは、抱えてはいけないということなんだよね。仕事と同じよ。自分がどれくらいできるかわからずに、能力以上のものを引き受けてしまったら、結局、人に迷惑をかけるし、何より自分が痛い思いをするでしょうが。自分はどのくらいならできて、どのくらいになるといっぱいいっぱいになる

のか、ってことを知ってないと自己崩壊《ほうかい》を引き起こしてしまうんだな。結局、己を知れ！　ってことなのだ。第三者的な眼を持ちなさい、と。そうすれば、自分の能力が正しく見えてくるはず。

ただ、ここでとっても問題なのは、恋愛は思い込みがあったほうが楽しいってこと。つまり冷静すぎると傷つきもしないけど、悲しいことに、恋に突っ走ることもなくなってしまう。私みたいに（笑）。でも、波瀾万丈《はらんばんじよう》な恋にはドロドロが、そして安定した恋には退屈が、常にセットになってるように、どっちの恋にも、いいところとリスクがあるんだと思う。

だからそのどっちのタイプが自分には向いてるか、ということを激しく知っておかないと、恋愛では幸せになれないのだよ。痛手が大きくても、相手に振り回されるのが好きなのか、多少つまらなくても、落ち着ける恋がしたいのか。

己を知ることは、恋愛だけじゃなくて、人生においても激しく大切なのだ！　自分がどこまで根性出せるのか、頑張れるのかってことをわからないと、いつも失敗してしまうよ。そして自信や信用を失って、それがトラウマになり、次もうまくいかなくなってしまう。正しく自分を知る努力を、常に怠らないことが、幸せな人生を送るコツなんだよね。

ルールはきちんと守りましょう！

1回の浮気でも彼を許さずなんて言ってもそれはちょっとねぇ…と思う人はサッカールールにしましょう
あっ
まあ わからんでもないという浮気はイエローカード
致命的な浮気はレッドカード即 退場ね
不倫の場合水泳ルールにしましょう
相手のエリアに入ってはダメ
フライングもダメお行儀よくね
ひとりで頑張りましょう
会社・学校内のつきあいならバレーボール
友人と助けあいながらだけどいつもレシーバーにならないように
友人にアタックされないようチェックせねば
アメフトルールはヤバイよ攻める人と守る人が別々だから
外デート用とエッチ用に分けられたりしてね
ギブアップしろ！
プロレス無制限一本勝負ルール
勝ったら結婚だな
場外乱闘して周りに迷惑かけないようにね

恋の掟 27

情が芽ばえても甘えきらない。女としての礼儀は守る。それが恋を長続きさせる秘訣なのだ

〝情〟と〝情熱〟。どちらも恋愛に関係してくるものだが、実は、このふたつ、大きく違うんだな。まず情熱は、〝ひと目ボレ〟という言葉のように、一瞬にしてわき上がり、また一瞬にしてさめてしまうもの。

一方、情は、わいてくるのには時間がかかる。〝ひと目情〟っていうのはないよね。そしてさめていくのにも、時間がかかる。

また、〝情熱〟はワガママ。「あれはイヤ」「これはダメ」と相手に対する要求がとても多い。反対に、〝情〟が芽ばえると、相手へのワガママも少なくなって、たいていのことは許せるようになるから不思議。「まったくしょうがないんだからぁ」という言葉が出てくるようになったら、相手に対して情がわいてる証拠なのだ。

ただ、許容範囲が広くなるということは、思いっきり気がユルんだ状態でもあるんだよね。彼女の前で平気でオナラしちゃうとか。パンツ姿で、彼の前を平気で歩けるとか。情のおかげでムードがなくなってしまうことは確かである。恋愛を長続きさせるのがうまい人っていうのは、そのバランスをとるのが上手。情が芽ばえても、相手に甘えきらない。女として最低限の礼儀は守る。だから情を育てつつも、情熱を失わないでいられるのでしょう。うん。

でも、情だけでつきあってるカップルがいても、私はいいと思うけどどな。ドキドキ感より、安心感を恋愛に求める人はそれで十分満足だと思うし、ダラダラした関係もなかなか心地いいものだから。ほかに気になる男がいるならともかく、そんな男もいないのに、なんか盛り上がらないからって、別れる必要はないじゃん。たとえときめかなくても彼は彼。いないよりは、いたほうが絶対いい。生きていくうえで、寂しさを紛《まぎ》らわしてくれる相手がいるって、とても重要なことなのだ。自分の心と体のケアのために、彼はキープしておこう。

情を断ち切るには、悪者になって、思いっきり嫌われるしかないのだ

ところで、以前、受けた相談に、「好きな人ができたので、彼と別れたいけど、六年もつきあってたので、情があって、なかなか別れられない」というものがあったな。

　こんな場合、情を断ち切る方法があるとすれば、それは思いっきり悪者になって、彼に嫌われるしかないでしょう。たとえば「ほかの男と寝た」とハッキリ言っちゃうとか。新しい男が、どんなに素晴らしいか、比較して話すとか。

　きっと彼女は、『そんなことをして、彼を傷つけたくない！』と思うはず。が、今さら、そんな思いやりのあるフリをしてもムダよ。

　だって実際、彼女は、彼がいるのに、ほかの男に乗り換えたヒドい女なんだもの。そんな自分の責任を認識して、思いっきり悪者になるべきなのだよ。どっちにもいい顔しようなんて、ドあつかましいにもほどがあるわ。

　ただし別れるにあたって、心に留めておきたいことがひとつ。六年の腐れ縁は、新しい情熱に勝てなくて当然。古い男より、新鮮な新しい男がよく見えるのもしかたない。でも、何年かして、その男への熱がさめた時、やっぱり『前の彼のほうがよかった……』なんて思わないとは限らない（笑）。そのへんの覚悟はしておくように！

なんでも情のせいにしてはイカン！

情とは物ごとに感じて起こる心の動き
イ 快・不快を感じる主観的な意識
ロ 特に激しくその感情にかられること
ハ 思いやりの心・なさけ
ニ 男女間の情愛
ホ 意地
ありさまおもむき味わいも情です
情況とか旅情とか事情も
BY広辞苑
この場合ハニがチェックポイントですね
思いやりの心となさけ
ニの男女間の情愛はもはやクサレ縁と考えて正解でしょう
彼を思いやる心があったらほかの男とエッチしたり別れようとは思いません
ふっ…
つまり彼女の情とは自分に対する情で
好きにしたいが面倒なことや恨まれることはしたくないってことですね
自分のやった責任を取って　ひどい女をちゃんとやるか
諦《あきら》めて今の彼とズルズル続けるかしかないです
どっちをやっても人のせいにしないように！
自分の行動は自分の責任です
あるかぁ!!
"そんな都合のいい話！
怒
自分がかわいいだけじゃん
情のせいにするな!!
料理作るんなら片づけまでやれ！
開けたドアは自分で閉めろ！
自分の尻は自分でふけ!!

恋の掟 28

おしゃべりすることは恋愛そのもの。言葉につまるようになったら、恋は終わりよ

映画なんか観てると、外国のカップルは、しょっちゅう「好きだよ」「愛してる」って、ささやきあってるけど、日本人って、その点、クチベタよねぇ。特に男は、いまだに、しゃべらないのが美徳とされてるところがある。

実際、ぺらぺらと口の軽い男より、シャイで寡黙《かもく》な男のほうが、誠実な感じがするから、そこに魅《ひ》かれる女の子は多いのでは。

でも、たまには「好きだよ」「愛してるよ」なんて、ロマンティックな言葉を言ってもらいたいのが女心というものよ。言葉で相手の気持ちをちゃんと確認したいし、それにこういう言葉を言われると、単純に気持ちいいもんね。「すごくキレイだよ」って、ほめられてるのと同じような気分になる。だから、自分のことを好きだってわかってても、もっともっと言ってほしいと思うのだよ。

裏を返せば、「○○ちゃん、かわいいね」「メイク変えた？」「好きだよ」って、しょっちゅう自分の気持ちを投げかけてくる男はモテる！　なぜなら、『好かれてる』っていう実感をいつも与えてくれるから。「マメな男はモテる」っていうのは真実なんだよね。ホントよ、ホント！

でも、クチベタくんに、それをリクエストしても、絶対無理。特に「愛してる」は、激しく責任の重い感じがするから、男の人は口に出しにくいと思うのだよ。では、いかがすればよいのか!?　答えは簡単！　彼の代わりに自分のほうが、マメな女になればよいのだ。「私のこと、好き？」「私のこと、愛してる？」って、聞き続けるのだ！

そう聞かれて、彼はちょっと恥ずかしいかもしれないけど、決してイヤじゃないと思うんだよね。『コイツ、オレにホレてるな』って実感できるから、うるさそうにしながらも、心地いいに決まってる。だから、ずーっと言ってればいいんです。「私のこと、好き？」「テレるだろ？」「ねぇねぇ、愛してるって言って！」って。それでふたりには、十分必要なコミュニケーションがとれると思うんだけど、さすがにあまりにうるさく聞いてたらイヤがられると思うから、そこは常識の範囲でやるように。

ちなみに、私は、無口な男ってダメなんだ。だってつまんないじゃない！　サービス精神ないんだもん。「不器用ですから」とか、「無口ですから」って、偉そうに言うな！（笑）。会話教室行ってこ～い！（笑）。

「ありがとう」「うれしい」「ごめんなさい」「大丈夫？」。この四つの言葉を忘れずに

恋愛に言葉は必要だと思う？ 答えはもちろんYES！ そりゃ、何も言わなくても通じあうのは理想だけど、「オレの目を見ろ！ 何も言わなくてもわかるだろ」って言われても、たいていの場合、「わかるわけないだろ。私はエスパーじゃないよ！」と言いたいもんね。

私は、おしゃべりすることは、恋愛そのものだと思うのだよ。実際、エッチしてるより、しゃべってる時間のほうがはるかに長いと思うし、今日と明日とでは、人間は考えも変わるじゃない。わかってるつもりにならないで、毎日、話し合って、相手を理解しようと思う気持ちはとても大切。なぜなら恋愛とは、相手の気持ちを確認する作業だから。

そして、特に女性は、確認し続ける生き物。態度で確認して、言葉で確認して、その後、体で確認して、さらにもう一度、言葉で確認する。それでも、なおウソをつい

てる男がいるってところがスゴイけど（笑）。

逆に、お互いに、確認したいという気持ちがなくなったら、恋愛感情がさめてきたって証拠だな。つきあい始めた当初は、「きのう、何食べた？」「あの映画観た？」ってしょうもないことでも、なんでも知りたくなるよね。でも、相手に興味がなくなった時点で、相手に投げかける質問が思い浮かばなくなる。サザンオールスターズの『いとしのエリー』の中で、♪言葉につまるようじゃ、恋は終わりね♪というフレーズがあるけれど、あれはまさに真理。

そういう意味で「好き！」「愛してる」という愛の確認は、やっぱり大切だなと思う。そして同じくらい重要だと思うのが「ありがとう」「うれしい」「ごめんなさい」「大丈夫？」という言葉。「ありがとう」「うれしい」と素直に喜ぶ女はかわいいし、「ごめんね」と素直に謝る女のことも、男は大好き。素直な女が男は好きなのだ（笑）。そして相手が窮地《きゅうち》に立たされてる時は、「大丈夫？」とねぎらいの言葉をかけてあげるのだよ。

カップル歴が長いと、こういう簡単な言葉ほど、忘れがちになってしまうけど、この四つは、いつまでもちゃんと言える人になろう。とにかく自分の気持ちを相手に伝える努力は惜しんじゃダメ！　それが恋愛を長続きさせる秘訣なのだ。

ならば、あなたがマメな女になればいい

恋の掟 29

〝いい恋〟とは、終わった時に『彼を愛してよかった』とポジティブに思える恋のこと

〝いい恋〟とは、どんな恋なのであろう？

私が思うに、それは恋が終わった時に、その人が何を得たか、人間としての幅を広げることができたかどうかで、〝いい恋〟だったかどうかが、決まると思うんだよね。

つまり、いい恋とは、ただ楽しいだけの恋ではないのだよ。苦しかったり、つらかったり、戦ったりと、イヤなことを経験して、それでも『彼を愛してよかった』『次は頑張ろう！』とポジティブに受け止められた時、知らないうちに人は成長しているのだよ。

一方、〝ダメな恋〟とは？……。実は同じなのだ。同じ恋でも、受け取り方によって〝ダメな恋〟になってしまうんだな。どういうことかというと、つらい恋、痛い恋を経験した時、意地やプライドから、ネガティブに考えてしまう。それで、『どうせ男なんて……』と猜疑心《さいぎしん》が強くなったり、『彼が浮気するなら、私もするわ』なんてズルくなったり。しまいには、『どうせ私なんか』と否定的になってしまう。これでは、〝いい恋〟とは言えません！　同じ恋でも、どっちに転ぶかは、その人次第。いい恋をするには、困難をいかにポジティブに受け止めるかで決まってくるのだよ。

自分が〝愛され型〟か、〝愛し型〟かを知ることから始めよう！

このように、ものごとのいいところを数えられるポジティブな加点法と、悪いところばかりを数えてしまうネガティブな減点法。どっちの考え方をするかで、幸せは大きく違ってくるんだな。好きなことをいっぱい増やして、嫌いなことを減らす、というのが幸せになる最大のコツなんだから。

わかりやすいのが、コップに半分残った水の話。「あと、半分しか水がない！」と嘆くこともできるけど、「まだ、半分も水が入っている！」とポジティブに考えることもできるよね。たとえ少ししかなくても、今、ある〝プチ幸せ〟に喜びを感じることが大切なのだ。

また、同じ男性とつきあっても、不幸になる人、ならない人がいるよね。たとえばわかりやすいのが不倫の場合。普通の女の子にとって、好きな人に奥さんがいるということは、間違いなく減点ポイントのはず。でも、私は高い確率で幸せになれる。なぜなら『奥さんいるから、面倒くさくなくてラッキー』とプラスに考えるのよね（笑）。

みんなは、男が自分を不幸にしていると思うかもしれないけど、不幸にするのは男ではなく、自分。減点法で考えてしまう自分自身なのだよ。その自覚を持つことが、まずいちばん大切だ！　特に恋愛においては、愛されることで幸せを感じる〝愛され型〟の人は、減点法になりがち。「彼がコレをしてくれない、アレをしてくれない」って、彼のダメなところばかり目について、不満が増えてしまうからね。

しかしながら、男も女も、つきあい初めは相手に好かれようと努力するけれど、つきあってしばらくしたら、いちいちそんな気を遣わなくなるよね。「昔はあんなに優しかったのに、今は何もしてくれない」って嘆く人、多いけど、いやいや、今がホントの姿なんだって。

一方、愛することで幸せを感じる〝愛し型〟の人は、相手から何かしてもらわなくても、自分が「好き！」という感情だけで、意外と幸せになれるのですよ。どんなにダメ男が相手でも、「私ったら、こんなに尽くしてるわ〜」なんて酔いしれちゃったりして。でも、正気に戻るまでは幸せだけど、気がつくとお金を貢いでたり、暴力男に引っかかったりなんてことにもなりがちなので、その点はくれぐれも注意いたしましょう。

大切なのは、自分が〝愛され型〟か、〝愛し型〟かを知ることだな。そうすると自然と、自分の欠点も見えてくるので、それをなんとか頑張って克服することで、幸せに一歩近づける！　ということなのだ。頑張ってね、お互い幸せになりましょう！

あなたは〃愛され型〃？　〃愛し型〃？

たいていの人はラクしたいしいい思いしたいので〃愛され型〃だと思ってるけど
どっちが幸せかと言うと〃愛し型〃のほうが幸せになれます
さて自分はどっちか？
彼は私のことを友達程度に好きだけど
私はかなり好き！
デートするならどう考えてもこっちのほうがうれしいよね
でもこれ　最初はいいけどそのうちつらくなるかも
彼は私のことをかなり好きだけど
私は友達程度に好きかな
好かれるのはうれしいけど退屈しそう
これだとやっぱ手間と金をかけてもらわないとねぇ
見栄と物欲の強いナルの人は〃愛され型〃だと思うけど
かぐや姫のように相手に要求ばかりしてしまうから問題だな
〃愛し型〃は人魚姫タイプ
恋愛で盛り上がれるけどよくカンチガイもするタイプだから正しい判断を！

Special Lesson

これで外国人とも恋を語れる!?

声に出して英語で読みたい

恋愛金言集

●男っていうのは、たいした覚悟がなくても、
女をホテルに誘う生き物です。
It doesn't take much for a man
to ask a woman to go to
a hotel room with him.

●恋愛はバクチと同じ。
一頭の馬に全財産賭けるようなもの。だったら、
その馬のことを徹底的にリサーチせよ！
A relationship is like a gamble.
You bet all the money you have on one horse.
So you should really research the horse.

●男は一時間でできるけど、親友は一日にして成らず！
You may be able to get a new guy in an hour.
But you can never get a best friend in one day.

●男が不幸にするのではなくて、
自分で不幸になるのです。
It is not a man who makes you miserable,
but it is you who make you miserable.

●素晴らしい相手と、あなたは結婚できません。
たいていの場合、あなたが結婚するのは、
あなたと同等の相手か、それ以下。
素晴らしい男は素晴らしい女を求めるんです。
You will never get married to a perfect man.
You will get married to a man
who is equal to you or less.
Perfect men look for perfect women.

●外見を磨くことは大切です。
いかに中身がよくても、
入口をキレイにしておかないと、
ノックはしてもらえません。

Looks are important. Even if the inside is great, nobody will knock the door if the entrance is ugly.

●人は甘えていい環境だったら、誰にでも甘えるもの。

We become a baby when we find a person who allows us to act like one.

●自分がよいエサにならなければ、いい男は釣れません。

To catch a great guy, you first have to become good bait.

●出会った瞬間にメスと認識されていなければ望みは薄い。

There won't be much chance of dating a guy if he doesn't recognize you as a "female" when he first sees you.

●寂しさをいとも簡単に満たしてくれて、
いとも簡単に怒らせるのが男。

Men let you forget loneliness quickly but also make you upset very easily.

●女も30歳を過ぎたら、「かわいい」
「キレイ」以外のキャッチフレーズが必要です。

Over 30, a woman has to have selling points in addition to being "pretty" or "cute".

●すごい確率で、愛は貧しさに負けます。
Poverty beats love in most cases.

●そのままのキミはたいてい汚い！
The way you naturally are,
unfortunately, is often ugly.

●恋愛は、お互いの好きなことが一緒なのがいい。
結婚はお互いの嫌いなことが一緒なのがいい。
When dating, find a man who likes what you like. When getting married, find a man who hates what you hate.

●デキる女とは、男に恥をかかせない女。
好きな男とは絶対勝負をしません。
A smart woman never puts her man down.
She will never fight with the man she loves.
She will let him win before it even starts.

●男がいた時のほうが、いない時より、
不幸になる確率が高い。
Most likely, you will be less happy
if you have a boyfriend.

●人間、古いものに対しては、悪いところに目がいく。
新しいものに対しては、いいところに目がいく。
畳と女は新しいほうがいいとは、昔の人はよく言ったものです。
With something old, people look for bad spots.
With something new, they look for good spots.
It is true they used to say
“as for tatami-mats and women, the newer is better”.

●男はステキで面倒くさいもの。
いたら楽しいけど、いたら大変！
Men are lovely and troublesome.
When you are with a man,
it is fun but you have a lot
to deal with.

●自分が思うほど、たいてい自分はいい女じゃない！
Unfortunately, a woman is often not as great
a woman as she thinks she is.

●女は確認し続ける生き物。態度で確認して、
言葉で確認して、体で確認して、
さらにもう一度、言葉で確認する。
それでもなおウソをついてる男がいるって
ことがスゴイけど。
Women are animals who like to
“confirm” all the time.
We confirm with attitude, words, body,
and with words again.
It is amazing that some men can still lie.

●男で受けた傷は、男で癒すしかない。
The pain you got from a man
can be only healed by another man.

●〝いい彼〟とは、自分が成長する
きっかけを与えてくれる男のこと。
“A great guy” is the man who
gives you an opportunity to grow.

意地《いじ》を張《は》らずに
素直《すなお》になったら
どうだ
俺《おれ》の前《まえ》じゃ
泣《な》けないか

●別れた彼が忘れられないのは、その後の
自分の人生が、寂しいものだったから。
いい男ができれば、そんなのあっという間に、
忘れるもの。

The reason why you can't forget your ex is only because your life after the break up was miserable. If you find a great new boyfriend, you will forget about him in a second.

●年上の女性とつきあって得た知識を男はおじさんになった時、
若い女の子に還元する。
これを〝愛のリサイクル〟といいます。

Men date older women when they are young;
when they get older, they use the knowledge
they got from the experience to date younger women.
That is what we should call "recycled love".

●なじみの店に行きたがるのが男。新しい店に行きたがるのが女。

Men like to go to restaurants they know.
Women like to go to restaurants they have never been.

●ブリッ子は、ある意味、賢いわけです。
こんな時には、これが効果的！という
薬の出し方がはっきりわかってて
しかもそれがきいてるんだから。

Women who fake their personalities,
in a sense, are smart.
Because they know what works
on each occasion.

Special Parody

正しい漫画家のススメ

カトリーヌあやこ

都内某所・一条邸
そう 私は漫画家 一条ゆかり（仮名）。
この世界は私を中心に動くんだわ
CASTLE YUKARI
有閑倶楽部 一条
でも仕事着は作務衣。

タイルモザイク貼りのイスラム寺院あおり構図描き終わりましたよ
仕事は常にカンペキ!!
腕カバー
アシスタントその1 清四郎（有閑倶楽部）
ありがとう 次は建築中のサグラダ・ファミリアをナナメ後ろから描いてちょうだい
ああ描くさ…描きますとも
それからフランシス！この服に73番のトーンをお願い
73番…
アシスタントその2 フランシス（砂の城）
73番…
73番…
思い出せないよっ
ナタリー!!
誰がナタリーじゃボケェッ
つか脱ぐな!!

ったく記憶そー失のアシスタントは使えねーーぜ……っ
ピンポーーン…
ちっ
陣中見舞いに来たよ
青石さん!
編集長
青石さん(デザイナー)
よかったらフルーツをどうぞ
青石さん30代だったのかー!!
デザイナ
さすがですわ編集長
かってとんでもないさしいれがありましたの……
アシスタントと私で3人しかいないのに……
ケーキ20コ…!
しかもその20コすべてが……
ショートケーキなんて!!
よりにもよって腐りやすいっっ
実話だそーですよ!!

ドキドキ…
そ…それでどうしたの？
さくっとその編集者情報漫画家ホットラインに流しておきましたわ
女王様はとてつもないネットワークを持っている……。
ひぃぃぃっ
でもそいつ次にショートケーキ10コモンブラン10コもってきやがりました。
あらもうこんな時間
食事に行ってくるわ
ボーイフレンド1号 魅録（有閑倶楽部）
ガンバレよー 清四郎ー♡
あとはよろしくね
女王様は常に美しいBFを星の数ほどキープしてる。
カケアミ…どこかで聞いたことがあるよナタリー
ハイハイもういいからフランシス
ボーイフレンド2号 美童（有閑倶楽部）
マダム今夜のディナーはいかがいたしましょう？

もちろん
スッポンよ!!
女王様は
スッポン好き。
え――っ
また――っ?
そうよ
スッポンよ!!
スッポン
何が悪いの!?
スッポンは
コラーゲンの
宝庫なのよ!!
エステも行ったわ
漢方も飲んだわ
でも徹夜をすれば
するほどどんどん
肌は乾いていく!!
必死で水分
バランスを保とう
としてるのよ!
漫画家に
一番必要な
もの…それは
コラーゲン!!
わーかーりましたっ
スッポンね!
はい超スッポン!!
はじめから素直に
「うん」て言えっつの!!

スッポン鍋。
ぐつぐつ……
おいしーーーッ!!
若……この女、店中のスッポン食いつくしましたよ
スッポンチェーーン結城のオーナー朱鷺&秘書・柾（デザイナー）
とても魅力的だ……
マダムこれからどうします？酒かっくらいますかー？
ふふ……っ おいしいモノを食べたあとは……
のもーのもー
いい男とのデートでしょう!!
女王様の恋人護国寺くん（正しい恋愛のススメ）
女王リクエスト
ゆかりおまたせ!!
漫画家として生きるより
ひとりの女として……
一条先生ほんまスンマセンッ!!

恋愛倶楽部実戦コース
修了のみなさまへ

実戦コース、修了にあたって、みんなに、ぜひ考えてもらいたいことがある。

それは、人はなぜ恋愛するのか、ということ。

答えは簡単。寂しいから。人は誰でも、寂しさを抱えて生まれてくるもの。子どもの時は、親という保護者が、その孤独を埋めてくれるけど、大人になって、親がいなくなると、その代わりが必要になる。そんな時、恋人は、ラクで都合のいい存在なんだよね。

特に最近は、寂しい人が増えているのかもしれないね。『とりあえず彼がほしい』という感じの人が多い。『彼のいない寂しい女と思われるのはイヤ』という世間体もあって、たいして好きでもないのにつきあってしまう。だから数は多いけど、浅〜い恋愛の繰り返し。浅いから、相手に対して、思いやりもなくて、どんどんワガママになる。それではダメ。なぜなら、「好き」「愛してる」という相手への強い思いがないと、せっかくの恋愛の醍醐味《だいごみ》が味わえないのだよ!!

もちろん真剣な恋愛をすると、浅い恋愛より、ずっと苦しみも痛みも大きい。

でも、それはしかたのないこと。何回も言ったけど、人を好きになることと、傷つくことは、常にセットになってるのだ。

「そんなのイヤ！　私は恋愛で幸せになりたいの！」と言う人も多いと思う。

だけど、本当の幸せは、男によって得られるものではないの。男は幸せの材料をくれるだけ。人に依存しないで、仕事なり、趣味なりで、自分の中に幸せを見つけていかないと、本当の幸せは得られないのだ。

人生は長く
青春は短い
ということを
ちゃんと考えて生きましょう

なんと言っても、人生は長い！

その中で、若いというだけでチヤホヤしてもらえる時期なんて、ほんの数年。

男のことばかり考えてないで、その後の長い人生を乗りきるための努力をしておくことが大切なの。そのためには、もっとお利口になって、賢く生きましょうね!!

一条ゆかり

集英社文庫

実戦《じっせん》！　恋愛倶楽部《れんあいくらぶ》

2007年6月30日　第1刷　　定価はカバーに表示してあります。

著　者　一条《いちじょう》ゆかり

発行者　加藤　潤

発行所　株式会社　集英社
東京都千代田区一ツ橋2-5-10　〒101-8050
電話　03-3230-6095（編集）
03-3230-6393（販売）
03-3230-6080（読者係）

印　刷　大日本印刷株式会社

製　本　大日本印刷株式会社

フォーマットデザイン　アリヤマデザインストア　　マークデザイン　居山浩二

ISBN978-4-08-746172-5 C0195